Hamburger Edition

Jacqueline Bhabha

Migration als Krise?

Wie ein Umdenken möglich ist

Aus dem Englischen
von Ursel Schäfer

Hamburger Edition

Für Rafa und Sebas, unsere Zukunft

Hamburger Edition HIS Verlagsges. mbH
Verlag des Hamburger Instituts für Sozialforschung
Mittelweg 36
20148 Hamburg
www.hamburger-edition.de

This edition is published by arrangement with Polity Press Ltd., Cambridge
First published by Polity Press
Titel der Originalausgabe: »Can We Solve The Migration Crisis?«

Umschlaggestaltung: Wilfried Gandras
Satz aus der Minion Pro durch Dörlemann Satz, Lemförde
Druck und Bindung: CPI books GmbH, Leck
Printed in Germany
ISBN 978-3-86854-329-2
1. Auflage März 2019

Inhalt

Vorwort

Das Ausmaß der derzeitigen Migration ist atemberaubend: Pro Minute müssen 24 Menschen ihr Heim verlassen. Die Summe dieser weltweiten Wanderungsbewegungen ist genauso dramatisch. Mit 65,3 Millionen übersteigt die Zahl der Vertriebenen die der Einwohner Kanadas, Argentiniens, Australiens oder Kenias. Würden all diese Menschen eine Nation bilden, dann wäre sie nach der Bevölkerungszahl ungefähr auf Platz 21 weltweit.

Weil die moderne Welt in Staaten mit Grenzen aufgeteilt ist, die ein starkes Interesse haben, die Einreise von Nicht-Staatsbürger_innen zu kontrollieren, ist diese enorme unregulierte Migration zu einem weltweiten politischen Thema von höchster Dringlichkeit geworden. Nach wie vor beherrscht es die internationale wie die innenpolitische Agenda vieler Staaten. Es hat eine der hoffnungsvollsten politischen Innovationen der Nachkriegszeit schwer und womöglich irreparabel beschädigt, die Freizügigkeit innerhalb der Europäischen Union, und auf dem gesamten Kontinent aggressive Fremdenfeindlichkeit freigesetzt. Es hat massive politische Auswirkungen gehabt und in Großbritannien den Sturz von Premierminister David Cameron mitverursacht sowie zum überraschenden Wahlsieg des amerikanischen Präsidentschaftskandidaten Donald Trump beigetragen. Und es hat die politische Verhandlungsmacht ganzer Länder verändert – am augenfälligsten ist das bei der Türkei, obwohl das Land rasch in eine autoritäre, undemokratische Herrschaft abgleitet. Selbst die zunehmend nationalistische und vom Kommerz getriebene Welt des internationalen

Sports hat reagiert. Bei der Eröffnung der Olympischen Spiele 2016 trug erstmals nicht die Vertreterin oder der Vertreter eines nationalen Teams die olympische Fackel ins Stadium, sondern ein Flüchtling, Mitglied des ersten Flüchtlingsteams, das jemals bei Olympischen Spielen angetreten ist.

Nicht nur das Ausmaß der gegenwärtigen Migrationsbewegungen erregt Aufmerksamkeit, sondern auch die vielfältigen und bis vor Kurzem noch undenkbaren Reaktionen. Wer hätte 2014 vorhergesagt, dass Deutschland über 1 Million Asylsuchende aufnehmen und damit innerhalb eines Jahres de facto zum Gewissen Europas werden würde? Oder dass Mitgliedstaaten der EU Stacheldrahtzäune errichten würden, wo zuvor der freie Grenzübertritt die Regel gewesen war, eine schmerzhafte Erinnerung an Europas dunkelste Stunde? Oder dass ein einziges, unvergessliches Bild eines ertrunkenen dreijährigen syrischen Jungen, dessen Verwandte in Kanada für ihn und seine Familie als Sponsor_innen bereitstanden, einen schuldbewussten jungen Staatschef dazu veranlassen würde, über Nacht die Quote seines Landes für die Aufnahme von Geflüchteten massiv zu erhöhen? Oder dass ein frisch gewählter amerikanischer Präsident versuchen würde, explizite religiöse Diskriminierung bei der Aufnahme von Immigrant_innen zu legitimieren und Menschen, die vor einem der tödlichsten Bürgerkriege seit Jahrzehnten geflohen waren, auf unbestimmte Zeit die Einreise zu verwehren?

Viele dieser Entwicklungen sind allmählich, als immer neue menschliche Tragödien bekannt wurden und die politische Instabilität zunahm, aus den Schlagzeilen verschwunden. Aber weil das Flüchtlings- und Migrationsproblem so offensichtlich unlösbar ist und seine Auswirkungen die aktuelle geopolitische Ordnung betreffen, erzeugt es bei Politiker_innen und Wähler_innen gleichermaßen weiterhin ein Gefühl angsterfüllter Panik und löst dramatische Reaktionen aus. Während nach wie vor schlimme Konflikte wüten und eklatante politische und wirtschaftliche Ungleichheit für alle sichtbar ist, erscheint die Migration, so gefährlich sie auch sein mag, für Millionen Menschen als einer von wenigen möglichen Auswegen. Mit Blick auf beide Seiten müssen wir fragen: Gibt es bessere Alternativen und wenn ja, welche?

Ich schlage die Untersuchung von vier Fragenkomplexen vor, um zu einer Antwort zu gelangen. Erstens: Wann stellen Bevölkerungsbewegungen eine »Krise« dar und sind nicht mehr das Auf und Ab normaler Migration? Gibt es frühere Beispiele massiver Bevölkerungsbewegungen und einer ähnlichen Angst vor Migration, die als erhellende historische Datenpunkte angesichts der gegenwärtigen Herausforderungen und Dilemmata dienen können? Zweitens: Wenn wir gegenüber Geschichte und Politik einen Schritt zurücktreten, was sollte unserer Meinung nach dann geschehen – oder, grundsätzlicher gefragt: Wie bewerten wir die mit der gegenwärtigen Situation verbundenen ethischen Fragen? Was erachten wir als die Ansprüche und Forderungen von Menschen, zu denen wir keine oder fast keine Beziehung haben, an uns selbst, an unsere Regierungen, an unsere gemeinsamen Ressourcen? Umgekehrt gefragt: Welche moralische Berechtigung sollten die Angehörigen einer Gemeinschaft haben, über deren Zusammensetzung zu bestimmen und Außenstehenden, die in ihrer Mitte leben möchten, den Zugang zu verwehren – sollten sie überhaupt eine solche

Berechtigung haben? Joseph Carens, ein prominenter Ethiker, der sich mit Migrationsfragen beschäftigt, verweist auf die Zurückweisung der aus dem nationalsozialistischen Deutschland geflohenen jüdischen Menschen als extremen und, wie er vermutet, nach allgemeiner Überzeugung inakzeptablen Grenzfall, um die verfügbaren Optionen zu prüfen. Wenn wir keine Vorstellung haben, welche Alternativen denkbar sind, um die »Krise« von Flucht und Migration zu »lösen«, und welche Strategien aus dem definierten Feld herausfallen, können wir die Frage nicht zufriedenstellend beantworten.

Drittens werde ich zentrale Elemente des rechtlichen und bürokratischen Rahmens skizzieren, den Staaten auf die Bewegungen von Menschen über Grenzen hinweg anwenden. Dabei beziehe ich offizielle Reaktionen auf erzwungene Migration mit ein, wie die Flucht aus humanitären Gründen und den Flüchtlingsstatus, aber auch den politischen Umgang mit Migration, die als »freiwillig« gilt und im Gegensatz zur Flucht vor Verfolgung oft als Wirtschaftsmigration bezeichnet wird. Abschließend untersuche ich die Haupttriebkräfte der heutigen erzwungenen Migration[1] und positive, funktionierende Strategien für die Zukunft. In dem Zusammenhang werden auch Themen über den Bereich des Umgangs mit Migration und Geflüchteten hinaus zur Sprache kommen. Ich ver-

1 Auf den folgenden Seiten verwende ich den Begriff »Verzweiflungsmigration« für die großen Migrationsströme geflüchteter Menschen und anderer, die entstehen, weil die Situation in der Heimat den Betreffenden unerträglich erscheint, und die in den Gastländern ein Gefühl von Krise verursachen. Ich definiere den Begriff in Kapitel 3 und erläutere, was er umfasst, durch die Gegenüberstellung anderer gebräuchlicher Begriffe.

trete die Auffassung, dass eine gangbare, gerechte und nachhaltige Lösung für die gegenwärtige Situation bei Flucht und Migration nur erreicht werden kann, wenn man sich um die Faktoren kümmert, die Menschen dazu bringen, vorübergehend oder dauerhaft ihre Heimat zu verlassen. Alle Maßnahmen, die Verzweiflungsmigration einzudämmen, werden mittel- und langfristig scheitern, wenn wir dem legitimen Streben nach mehr sozialer, politischer und wirtschaftlicher Gleichheit nicht Beachtung schenken. Ich werde einige Punkte dieses weitreichenden Reformprogramms skizzieren und verknüpfe sie mit Initiativen, die gegenwärtig bereits im Gang sind.

I Eine einzigartige Krise?

Das chinesische Wort für »Krise« besteht aus den Schriftzeichen für »Gefahr« und »Chance«. Damit wird ein Stück weit die Dualität erfasst, die beim Gebrauch dieses Wortes ins Spiel kommt: ein Augenblick der Bedrohung, der Druck ausübt, neue Wege zu suchen. Von Krisen ist in vielen Zusammenhängen die Rede – in politischen, wirtschaftlichen, organisatorischen, persönlichen. Unter den verschiedenen Anmerkungen zu »Krisen« sind im Hinblick auf die Migration vor allem zwei relevant. Laura Henderson schreibt, das Ziel des Krisendiskurses sei es, vorhandene Narrative auszuhebeln und durch ein neues Narrativ zu ersetzen, das Lösungen anbietet: angesichts der Gefahr vorhandene Heilmittel verwerfen und neue suchen.[2] Ein zweiter Ansatz analysiert die krisengetriebene Rhetorik durch den Bezug auf drei Schlüsselfaktoren: einen verantwortlichen Schurken, ein betroffenes Opfer und eine Retterin oder einen Retter, die oder der die Krise überwindet. Während der Schurke eine Krise für das Opfer verursacht, interveniert die Retterin oder der Retter, um die Situation zu lösen, und nutzt die Gelegenheit, dass gehandelt werden muss, um den Konsens herbeizuführen, der nötig ist, um Wandel zu erreichen.[3]

In den Reaktionen auf aktuelle Migrationsereignisse finden wir einige dieser narrativen Strategien. Der Begriff »Krise« ist allgegenwärtig, dient als Kürzel für die einzig-

2 Henderson, What It Means to Say »Crisis« in Politics and Law.

3 Siehe dazu beispielsweise Mutua, Human Rights. A Political and Cultural Critique, S. 10–70.

artigen Merkmale der Gegenwart und als Legitimation für radikale Maßnahmen bei der Reaktion darauf. Ich werde darlegen, dass die aktuelle Situation keineswegs einzigartig ist und dass wir statt rascher Lösungen beim Thema Migration (die zum Teil durchaus nötig sind) einen integrierten Ansatz entwickeln müssen, wie wir mit den Faktoren umgehen, die Verzweiflungsmigration in großem Stil verursachen. Ein historischer Blick auf die menschliche Mobilität fügt den aktuellen Druck in das langfristige Auf und Ab komplexer Migrationsmuster ein. Diese Perspektive zeigt Beispiele auf, wie wir die vielfältigen Welleneffekte der Wanderungsbewegungen, die wir heute beobachten, antizipieren und darauf reagieren können.

Lehren aus der Geschichte: Ein kurzer Überblick über die longue durée der Migration

Im Gegensatz zu den dominierenden aktuellen Schilderungen der Flüchtlings- und Migrationskrise bietet uns der Blick in die Geschichte der Migration Anknüpfungspunkte, menschliche Wanderungen nicht nur als Überschreitung von Grenzen zu betrachten.[4] Die Geschichte belegt vor einem breiten zeitlichen und räumlichen Hintergrund, dass die Faktoren, die die menschliche Mobilität beeinflussen, über die Jahrhunderte (sogar über Jahrtausende) hinweg bemerkenswert stabil waren. Ebenfalls gleich geblieben sind die Mechanismen, wie auf Mobilität reagiert wurde, Mechanismen, die durch ungleiche Machtverteilung und Eigeninteresse gekennzeichnet sind. His-

4 McKeown, A World Made Many. Integration and Segregation in Global Migration, 1840–1940, S. 50.

torische, linguistische und archäologische Befunde sprechen dafür, dass nur dort, wo wandernde Bevölkerungsgruppen überlegene technische Fähigkeiten oder unbekannte Keime mitbrachten, ihre Ankunft mit tödlichen Bedrohungen oder langfristigen Sicherheitsproblemen für die einheimische Bevölkerung verbunden war.[5] Das ist ein hilfreiches Korrektiv angesichts der inflationären Warnungen vor einer Krise der Zivilisation, die oft in Verbindung mit der gegenwärtigen Migration zu hören sind.

Die Aussage »Menschen sind zu allen Zeiten gewandert« ist eine Selbstverständlichkeit. Benedict Anderson schrieb vor über 30 Jahren in einem bekannten Buch, Nationen seien »vorgestellte politische Gemeinschaften«, kulturelle Produkte individueller menschlicher Bemühungen und kollektiver Organisation und nicht Tatsachen über ein inhärentes oder permanentes Band zwischen einem Ort und einem Volk.[6] Nationen sind außerdem junge Erfindungen, genau wie die Grenzen, die sie definieren.

Unsere Spezies, der Homo sapiens, tauchte erstmals vor 150000 bis 200000 Jahren in Afrika auf. Durch genetische und archäologische Forschungen ist inzwischen erwiesen: Eine »afrikanische Eva« war »die Mutter der Menschheit«.[7] Die Wanderungen früher Menschengruppen hingen damit zusammen, dass sie immer besser in der Lage waren, zwei Bestände an natürlichen Ressourcen

5 Diamond, Arm und Reich. Die Schicksale menschlicher Gesellschaften, S. 426 f.

6 Anderson, Die Erfindung der Nation.

7 Manning, Wanderung, Flucht, Vertreibung, S. 36. Bei den folgenden Ausführungen stütze ich mich sehr auf Mannings einflussreiches Werk zu diesem Thema.

auszubeuten, nämlich die durch Wasser (Seen, Flüsse, Meer und Ozeane) und die durch Boden erzeugten. Der Imperativ, das Überlebensnotwendige zu sichern und sich an Veränderungen und Chancen in der eigenen Umgebung anzupassen, war immer eine entscheidende Triebkraft der menschlichen Mobilität. Von den frühesten Anfängen der Geschichte an ermöglichten die menschliche Migration und ihr Zusammenspiel mit immer vielfältigeren physischen und klimatischen Umweltgegebenheiten am Ufer von Gewässern und im Inland dramatische Durchbrüche und die Verbreitung neuer Techniken der Vieh- und Pflanzenzucht. Überleben, Innovation und Ehrgeiz sind bis heute Triebkräfte der menschlichen Mobilität geblieben.

Die frühen Fortschritte bei der Ressourcennutzung hatten komplexe Auswirkungen auf die Migration. Einerseits begünstigte die Abkehr von Jagd und Sammeln zugunsten der Landwirtschaft einen sesshaften Lebensstil, weil zur Landwirtschaft gehörte, das Land zu bestellen und Tierherden zu hüten. Damals wie heute verbrachte die überwältigende Mehrheit der Menschen ihr Leben an ein und demselben Ort (selbst heute sind nur 3 Prozent der Weltbevölkerung internationale Immigrant_innen). Andererseits lieferte damals wie heute die Zerstörung der traditionellen agrarischen Lebensgrundlagen einen Anreiz für Migration.

Um 3000 vor unserer Zeitrechnung war die Kultivierung von Pflanzen bereits so weit verbreitet, dass bis dahin unbebaute Gebiete zur Pflanzenzucht genutzt wurden. In der Folge wuchs die Bevölkerung und damit das Potenzial für Eroberungen, Handel und Erforschung. Lasttiere erleichterten den Transport von Menschen und unterschiedlichen Gütern zum Zweck des Handels. Neue Formen des Transports zu Wasser entstanden, unter anderem Segelschiffe und geruderte Schiffe. Um 2000 vor unserer Zeitrechnung waren Menschen an alle bewohnbaren Orte vorgedrungen.

Archäologische und historische Befunde sprechen dafür, dass damals wie heute hauptsächlich junge Wandernde Kontakte zu neuen Gemeinschaften knüpften und zuvor unbekannte Techniken, Sprachen und Gewohnheiten übernahmen, wenn sie ihren Aktionsradius erweiterten. Faszinierende archäologische Forschungen mit Einsatz von DNA-Analysen erlauben, die komplexen Wanderungsbewegungen nachzuvollziehen, die durch Knochen und Reste von Nahrungsmitteln aus unterschiedlichen Regionen dokumentiert sind.[8] All das zusammen ergibt ein detailliertes Bild der synkretistischen Produkte des vielfältigen Austausches dank der Wanderungsbewegungen im Lauf der Zeit.

Wir können diese Bewegungen als Beleg für wachsende weltweite Vernetzung oder für fortschreitende regionale oder kontinentale Abgrenzung verstehen. Welchen Schluss wir ziehen, hängt davon ab, welchen Maßstab wir bei der menschlichen Mobilität anlegen.[9] In der Vergangenheit wie heute trennte Migration über weite Strecken hinweg Familien und führte zu wirtschaftlichen, gesellschaftlichen und kulturellen Unterscheidungen von der ursprünglichen Gemeinschaft und Veränderungen in der neuen Gesellschaft. Aber sie schuf auch neue Verbindungen und kappte die alten nicht immer. Wirtschaft-

8 Keita, Migration in Biological Anthropology, S. 62–68.

9 McKeown, A World Made Many, S. 42.

liche, militärische und politische Faktoren wirkten in unterschiedlicher Weise zusammen und brachten Verbindungen oder Abgrenzungen, Integration oder Abspaltung, genau wie das auch heute der Fall ist.

Vier große Triebkräfte von Migration im Lauf der Jahrtausende

Hilfreich ist die Unterscheidung vier großer, nicht ausschließlicher Triebkräfte menschlicher Migration über einen sehr langen Zeitraum hinweg. Eine solche Typologie ergibt ein einfaches Schema als Hintergrund, um die heutigen Herausforderungen einzuordnen und einzuschätzen, ob es sich bei der aktuellen Migrationssituation um eine außergewöhnliche »Krise« handelt.

Der Historiker Patrick Manning schreibt: »Migration ganzer Gemeinschaften war gewöhnlich eher eine Migration aus Verzweiflung denn aus Hoffnung: Meistens waren es Flüchtlinge, die durch Dürre oder Eroberung vertrieben wurden.«[10] Das 20. Jahrhundert liefert, wie wir sehen werden, zahlreiche Beispiele für diese erste Triebkraft, Migration aus Verzweiflung, bei der nur die Menschen zurückblieben, die zu alt oder zu krank waren. In der gesamten Geschichte der Menschheit finden wir Beispiele, dass Menschen ihren Wohnort verlassen haben, um zu überleben.

Ohne solche Verzweiflung handelten Bevölkerungsgruppen meist selektiver. Wenn sie hinreichend zuversichtlich waren, wendeten sie eine zweite Strategie an, Migration zur Kolonisierung von Gebieten, ein Prozess, zu dem vorübergehende und dauerhafte Wanderungen

10 Manning, Wanderung, Flucht, Vertreibung, S. 58.

gehörten und Bewegungen in viele Richtungen. Um 1000 vor unserer Zeitrechnung begannen indoeuropäische und semitische Volksgruppen mit der Domestizierung von Pferden, die Wagen ziehen und Krieger tragen konnten. Diese Entwicklungen veränderten die Möglichkeiten für militärische Eroberungen entscheidend, und das hatte einschneidende politische Folgen in Eurasien und im Süden bis hin zum indischen Subkontinent. Mit der kulturellen Stabilisierung gingen große Bauprojekte einher – Pyramiden, Tempel, Straßen und Wasserwege –, die wiederum die Mobilität von Arbeitskräften in großer Zahl förderten, viele davon Sklavenarbeiter_innen. Zehn Jahrhunderte lang, vom 5. Jahrhundert vor bis ins 5. Jahrhundert nach unserer Zeitrechnung, entstanden durch Migration mit dem Ziel von Eroberungen große Reiche, von der Han-Dynastie in China über das Römische Reich im Mittelmeerraum bis nach Nordafrika. Mit den Bauprojekten kamen die Befestigungen, und die ersten Mauern dienten als frühe technische Möglichkeit, um Fremde von Städten und anderen Siedlungen fernzuhalten – ein bis heute beliebtes Verfahren.

In Amerika entstand im 9. Jahrhundert unserer Zeitrechnung in Peru ein stark zentralisiertes Andenreich, das über benachbarte Völker herrschte, dabei zwangsweise Menschen umsiedelte und andere als Saisonarbeitskräfte für große Bauprojekte wie etwa in Cuzco hereinholte, wo 40000 Arbeitskräfte über zehn Jahre hinweg eingesetzt waren. Ab dem 15. Jahrhundert veränderte die Kolonisierung durch Großbritannien, Portugal, Holland, Russland und Japan Kontinente über viele Generationen hinweg, brachte die Ausbeutung von Rohstoffen, verheerende Epidemien, die die eingeborene Bevölkerung dezimierten, und skrupellose Plünderungen. Durch die Kolonisierung entstanden auch neue Handelswege, neue Formen von Produktion und Geschäftsverkehr sowie vielfältige, komplexe Varianten des sozialen und kulturellen Austausches zwischen Kolonisierenden und Kolonisierten, Muster, die damals Migrationsströme prägten und bis heute prägen.

Für die damalige Zeit waren das große Wanderungsbewegungen. Zum Beispiel gingen zwischen 1500 und 1650 fast eine halbe Million Spanier_innen nach Amerika. Die spanische und portugiesische Kolonisierung Amerikas hatte dramatische Bevölkerungsveränderungen zur Folge – Krankheiten und Eroberung dezimierten die Bewohner_innen der mexikanischen Halbinsel innerhalb eines Jahrhunderts von 25 auf 2 Millionen, ein »Beinahe-Genozid«, der heutige Folgen von Migrationsbewegungen weit in den Schatten stellt. Jahrhunderte später, im 19. Jahrhundert, erlebte Lateinamerika mit dem Übergang zum Agrarkapitalismus, der hauptsächlich durch den Anbau von Kaffee und Bananen und die Entwicklung der Eisenbahnen angetrieben wurde, eine massive Binnenwanderung auf dem Kontinent, wozu auch die zwangsweise Umsiedlung eingeborener Völker gehörte. In dieser Situation waren durch Migration verursachte »Krisen« oder schädliche Entwicklungen die Folge von Beherrschung und Ausbeutung weniger mächtiger Gruppen durch die Mächtigen und nicht umgekehrt.

Ähnliche Vorgänge spielten sich auch in Nordamerika ab, wo die Ureinwohner_innen ebenfalls durch eingeschleppte Krankheiten, brutale Eroberung und erzwungene Umsiedlung litten. Entwicklungen in der Landwirtschaft und ein hoher Bedarf an Arbeitskräften, die ausgebeutet werden konnten, trieben eine weitere erzwungene Migration voran: die der brutal versklavten Menschen aus Afrika. Gleichzeitig wurden weiter im Süden die Silberminen in den Anden zu Schauplätzen der gewaltsamen Umsiedlung eingeborener Bevölkerungen, die als billige Arbeitskräfte im aufkeimenden weltweiten Handel dienten. Chinesische Migrant_innen hatten ebenfalls daran teil; so kamen asiatische Arbeitskräfte und Handeltreibende in dieses zunehmend globalisierte Spiel, eine Entwicklung, die auf die großen asiatischen Exilgemeinden der heutigen Tage vorausweist.

Obwohl an der Kolonisierung relativ wenige Menschen beteiligt waren (nach dem indischen Zensus von 1891 lebten lediglich 100 000 britische Staatsbürger_innen in Indien), hinterließen die kolonialen Migrationsbewegungen dauerhafte Spuren, nicht nur bei den Ureinwohner_innen und den Migrant_innen, sondern auch in Form von Bindungen zwischen den kolonisierenden und den kolonisierten Bevölkerungen.

Bis weit ins 20. Jahrhundert hinein gelangten Millionen kolonialer Arbeitskräfte in weit entfernte Gebiete. Nach der Abschaffung der Sklaverei 1833 exportierte Großbritannien südasiatische Arbeitskräfte in sein gesamtes Empire: nach Mauritius, Guyana, Trinidad, Südafrika und Fidschi. Bis 1916 waren über 1,5 Millionen Menschen aus Indien in die Karibik, nach Afrika und Ozeanien gebracht worden. In den folgenden 20 Jahren wurden weitere 6 Millionen indische Arbeitskräfte auf Plantagen in Britisch-Malaya und Ceylon eingesetzt, wodurch eine der zahlen- und flächenmäßig größten weltweiten Diasporas aller Zeiten entstand.

Es ist umstritten, ob diese Wanderungsbewegungen »erzwungen« oder »freiwillig« waren. Klar ist indes, dass die Migrant_innen, viele davon Saisonarbeitskräfte, oft massiv ausgebeutet wurden; dabei diente ihre Ausbeutung weniger der individuellen Bereicherung, sondern bildete das Rückgrat der Akkumulation im Empire. Diese historische Hinterlassenschaft spielt sowohl für die Ethik der modernen Kontrolle von Wanderungsbewegungen eine Rolle wie für die Folgen der globalen Ungleichheit, zwei Themen, die in späteren Kapiteln erörtert werden. Zwar ist das Zeitalter des Imperialismus im 21. Jahrhundert weitgehend Vergangenheit, aber wirtschaftliche und kulturelle Beherrschung in Verbindung mit der Ausbeutung von Rohstoffen und der Kontrolle von Märkten, einseitige Handelsvereinbarungen und nicht tragfähige Schulden gibt es auch heute noch.

Die massive Migration zwischen Kolonialmächten und kolonisierten Gebieten hörte mit dem Ende der Imperien nicht auf. In großer Zahl wanderten ehemals kolonisierte Bevölkerungsgruppen in die Heimat ihrer einstigen Ausbeuter_innen – Paul Gilroy hat dafür die treffende Formel »das Imperium schlägt zurück« geprägt. Hier haben wir es mit einer dritten Form zu tun: Migration angetrieben durch den Wunsch nach einem besseren Leben. Von Mitte des 18. Jahrhunderts bis in die zweite Hälfte des 20. Jahrhunderts kam die überwältigende Mehrheit der Menschen, die in das Vereinigte Königreich einwanderten, aus den britischen Kolonien. Nach der Unabhängigkeit Indiens 1947 wanderten Inder_innen in großer Zahl ins Vereinigte Königreich ein: bis 1955 über 60 000 Menschen und danach noch mehr, als in Ostafrika lebende Inder_innen mit britischen Pässen vor zunehmender rassischer Diskriminierung flohen. Manche verließen ihre Heimat, weil sie auf bessere wirtschaftliche

Möglichkeiten hofften, andere flohen vor Verfolgung und Vertreibung nach dem Ende der Kolonialherrschaft in Kenia und Uganda. Spanien wurde sehr viel später als Großbritannien und Frankreich zum Ziel von Migrant_innen, aber auch dort ist die Zahl der postkolonial Zugewanderten beträchtlich. Von 1996 bis 2010 gingen schätzungsweise 2,5 Millionen Menschen aus Lateinamerika nach Spanien und wurden spanische Staatsbürger_innen.

Diese gegenläufigen Bewegungen in den Fußspuren der Kolonisierenden, aber ohne ihre räuberischen und unterdrückerischen Absichten, führten immer wieder zu panikartigen Reaktionen auf Migration, die an den heutigen krisengetriebenen Diskurs erinnern. Es gibt vielleicht kein besseres Beispiel für die verbreitete Krisenrhetorik, die beinahe schon die Apokalypse heraufbeschwört, um die Zahl der Zuwandernden zu beschränken, als die berühmte Rede des konservativen britischen Parlamentariers Enoch Powell 1968, in der er im Zusammenhang mit der Zuwanderung nicht weißer Menschen aus dem britischen Commonwealth »Ströme von Blut« prophezeite: »Es übersteigt beinahe das Vorstellungsvermögen, dass gegenwärtig pro Woche 20 oder 30 Immigrantenkinder allein in Wolverhampton eintreffen [...]. Die die Götter vernichten wollen, die machen sie zuerst verrückt. Wir müssen verrückt sein [...]. Es ist, als sähe man einer Nation zu, wie sie eifrig ihren eigenen Scheiterhaufen aufschichtet [...]. Bei der englischen Durchschnittsbevölkerung wächst das Gefühl, eine verfolgte Minderheit zu sein [...]. Wenn ich in die Zukunft blicke, erfüllt mich eine düstere Vorahnung; wie der Römer [Vergil] habe ich ›den Tiber schäumend von Blut‹ vor

Augen.«[11] Heute, ein halbes Jahrhundert später, klingt Kritik an der Zuwanderung oft ähnlich grotesk.

Eine vierte große Kategorie von Migrationsbewegungen ist nicht ausschließlich durch Flucht, Kolonisierung oder den Wunsch nach einem besseren Leben motiviert, hängt aber mit allen drei Faktoren zusammen und überschneidet sich gelegentlich damit: Immigration als Folge des Wunsches, Handel und Austausch zu intensivieren. Als im ersten Jahrtausend vor unserer Zeitrechnung im römischen und im chinesischen Reich Münzen aus Metall als Währung geprägt wurden, nahm ein System des weltweiten Handels Gestalt an. Diese frühe Form der Globalisierung basierte ähnlich wie die heutige auf miteinander verbundenen Technologien: von immer ausgeklügelteren und verlässlicheren Mitteln für Langstreckentransporte zu Wasser und zu Land bis zur Entwicklung gemeinsamer Sprachen für den Handel, die es ermöglichten, Vertrauen aufzubauen. Schließlich folgte jedoch auf den friedlichen Austausch die militärische Unterstützung des Handels im 15. und 16. Jahrhundert und führte zur Dominanz Europas und Nordamerikas, während Asien und Afrika als Motoren des globalen Handels an Bedeutung verloren – eine Hinterlassenschaft mit bis heute anhaltenden verheerenden Folgen für die weltweite Ungleichheit, politische Stabilität und die damit zusammenhängenden Migrationsströme.

Diese Wanderungsbewegungen, die Tausende Jahre zurückreichen, brachten die frühen menschlichen Gemeinschaften mit neuen Ressourcen in Kontakt, neuen Herausforderungen und neuen Belohnungen. Den vier

11 Enoch Powell's »Rivers of Blood« Speech.

Typen der Migration begegnen wir selten in Reinform, vielmehr gibt es je nach Raum und Zeit immer wieder unterschiedliche Kombinationen.

Große und globale Bevölkerungsbewegungen: Jahrhundertelange Kontinuität

Als die Globalisierung sich über die gesamte moderne Welt ausbreitete, blieb keine Region ausgespart oder unberührt, kein Gebiet von nennenswerter Größe war nur durch einen einzigen unveränderten Stamm oder ein Volk bewohnt. Die Industrialisierung und der immer schnellere Austausch zwischen den Menschen lösten dramatische Bevölkerungsbewegungen über die großen Ozeane – den Atlantischen Ozean, das südostasiatische Meer und den Indischen Ozean – hinweg aus. Innerhalb von 400 Jahren ab Mitte des 15. Jahrhunderts wurden zwischen 10 und 28 Millionen Afrikaner_innen von Handeltreibenden aus Europa, Amerika und dem Nahen Osten als Sklav_innen auf ihre Kontinente verschleppt, Millionen starben während der unmenschlichen Überfahrten. Andere Formen erzwungener Migration betrafen Arbeitskräfte (einschließlich Verurteilter, die des Landes verwiesen wurden, sowie eingeborener Kinder und Waisen) aus Indien, China und anderen Gebieten in großer Zahl, die zur Arbeit an fernen Orten eingesetzt wurden, von Eisenbahnbaustellen in Uganda bis zu Zuckerplantagen in der Karibik. Auf erzwungene Mobilität folgte in diesen Fällen die erzwungene Immobilität – beides abgesichert durch rechtlichen Zwang und bewaffnete Kräfte.

Um dieselbe Zeit, beschleunigt ab Mitte des 19. Jahrhunderts bis zum Aufstieg des Faschismus in Europa, entschlossen sich Millionen Menschen, ihre Heimat zu verlassen, weil sie auf bessere Lebensbedingungen und Zukunftsaussichten hofften. Patrick Manning zufolge bildete dieser enorme Strom von Menschen, die aus Europa weggingen, zusammen mit zahllosen chinesischen (über 50 Millionen), indischen (30 Millionen) und anderen asiatischen Arbeitskräften und wagemutigen Unternehmer_innen eine Wanderungsbewegung, wie es sie bis dahin noch nicht gegeben hatte (über 100 Millionen Menschen). »Insgesamt war der Zeitraum von 1850 bis 1930 die Zeit der intensivsten Migration in der Menschheitsgeschichte.«[12] Der Blick in die Geschichte rückt aktuelle Vorstellungen von einer Flüchtlings- und Migrations-»Krise« zurecht, denn die damaligen Zahlen stellen die heutigen Migrationsströme weit in den Schatten.

Diese dramatische Mobilität erfasste den gesamten Globus einschließlich dreier großer Migrationsziele. Über 50 Millionen Menschen wanderten von Europa und dem Nahen Osten nach Nord- und Südamerika, genau wie viele weitere aus Indien und China. Ungefähr ähnlich viele wanderten von Südasien und Südchina nach Südostasien, Australien sowie auf Inseln im Indischen und Pazifischen Ozean. Fast 50 Millionen Menschen migrierten von Nordchina, Russland, Korea und Japan nach Mittel- und Nordasien und sogar bis nach Sibirien.[13]

Vor allem der rasche gesellschaftliche und politische Wandel in China löste massive Bevölkerungsbewegungen aus. Vom Ende des 19. bis zur Mitte des 20. Jahrhunderts zogen schätzungsweise 46 bis 51 Millionen Menschen von Nordostchina in die Mandschurei und aus einem größe-

12 Manning, Wanderung, Flucht, Vertreibung, S. 209.

13 McKeown, A World Made Many, S. 44f.

ren Gebiet nach Japan. In derselben Zeit verließen rund 1 Million Chines_innen ihr Land und überquerten den Pazifischen Ozean nach Amerika, bis diese Wanderungsbewegung gestoppt wurde. Das erste formelle Einwanderungsgesetz, das einer ganzen nationalen Gruppe die Immigration verbot, der Chinese Exclusion Act, trat 1882 in den Vereinigten Staaten in Kraft.

Nationalismus, Rassismus und Kontrolle der Grenzen: Die Anfänge der modernen Migrationsgeschichte

In dieser Phase massiver Bevölkerungsbewegungen – die dramatischen Zahlen des 19. Jahrhunderts wuchsen im 20. Jahrhundert sogar noch weiter an – setzten sich frühere Muster von Bewegungen über Gemeinschaften hinweg fort. Während es Mobilität in großer Zahl über weite Distanzen hinweg gab, stellten gleichzeitig Grenzen Hindernisse dar, und die Zuwanderung wurde zunehmend durch Passkontrollen reguliert – der amerikanische Page Act von 1875, der »unerwünschten« Immigrant_innen die Einreise verwehrte, ist ein frühes Beispiel dafür.

Auch in Europa bauten Staaten ihre Grenzen aus, um die großen Wanderungsbewegungen nach dem Zerfall der europäischen Reiche zu kontrollieren. Im Lauf der Zeit änderten sich die Routen. Vom 16. bis zur Mitte des 19. Jahrhunderts hatte die Karibik besonders viele Migrant_innen aufgenommen, ein Jahrhundert später war sie ein großer Bevölkerungsexporteur.

Diese Prozesse stärkten unterschiedliche Ebenen nationaler Verbundenheit. Wenn viele Angehörige einer Gemeinschaft ihre Heimat verließen, bildeten sich Diasporas und führten zu doppelten oder mehrfachen Identitäten (oder dem, was wir heute als Bindestrich-Identität bezeichnen). Diese Bevölkerungsgruppen hatten Bindungen sowohl an ihren aktuellen Lebensmittelpunkt wie an ihre frühere Heimat, egal, ob geografisch, religiös oder ethnisch definiert. Weil Migration die Verbindungen und das Zusammenleben unterschiedlicher Gruppen durch jahrhundertelange Wanderungen und Austausch massiv ausgeweitet hatte, wuchs die Zahl möglicher Identitäten exponentiell. Aber Migration trug neben vielen anderen Faktoren auch zu dem Druck bei, Nationen zu bilden, und innerhalb der Nationen zur Abgrenzung von Menschen mit einer anderen nationalen Zugehörigkeit.

Vom Ende des 18. Jahrhunderts bis zum Ende des 19. Jahrhunderts entstanden in immer rascherer Folge souveräne Nationalstaaten, unter anderem die Vereinigten Staaten (1776), Haiti (1804), Mexiko (1810), Honduras (1821), Brasilien (1822), Belgien (1830) und das Vereinigte Königreich (1899). In manchen Fällen ging die Ablösung multinationaler und multikultureller Reiche durch Nationalstaaten mit zwangsweisen Bevölkerungstransfers einher, als man versuchte, homogene nationale Räume mit eigenen Bevölkerungen zu schaffen, die genau ein bestimmtes Gebiet ausfüllten. Diese Prozesse förderten rassistische Einstellungen und die bedingungslose Identifikation mit der eigenen »Nation«. »Um dazuzugehören, mussten Migrant_innen – und einheimische Minderheiten – ihre Kultur ändern, sich ›assimilieren‹ […], wozu die vollständige Aufgabe ihrer Lebensweise vor der Migration gehörte.«[14]

Bis ins späte 19. Jahrhundert erließen die Staaten keine Gesetze zur Kontrolle der Immigration. Das bedeutet

14 Harzig / Hoerder, What Is Migration History?, S. 43.

allerdings nicht, dass Migration vollkommen ungehindert stattfinden konnte. Die größten Hindernisse waren anfangs technischer und logistischer Natur (Transportmittel, Verfügbarkeit von Versorgungsgütern), und dann, als »leerer« bewohnbarer Raum knapper wurde, gesellschaftlicher und politischer Natur (exklusiver Landbesitz, religiöse Konflikte). Im Gegensatz zu heutigen Missständen waren historisch die größten Übel im Zusammenhang mit Migration nicht zwangsweiser Ausschluss oder Entfernung vom nationalen Territorium, sondern vielmehr der gewaltsame Import von Sklav_innen und Zwangsarbeiter_innen. Bevölkerungsimporte oder -zuwächse galten allgemein als Möglichkeit, Reichtum, Produktivität und Macht zu mehren. Umgekehrt betrachtete man Bevölkerungsverluste durch Auswanderung oder Umsiedlung allgemein als schädlich für das nationale Erbe und Arbeitskräftepotenzial, es sei denn, die Menschen, die gingen, galten als unerwünscht (Straftäter_innen oder Waisen zum Beispiel).

All das änderte sich – erst allmählich und dann massiver – mit Anbruch des 20. Jahrhunderts. Die Ausbildung von Rassestereotypen und eugenisches Gedankengut flossen in politische Forderungen ein, aufgrund von Rassenzugehörigkeit die Migration zu beschränken. In rascher Abfolge, mit knapp 25 Jahren Abstand, erließen erst die Vereinigten Staaten (1882) und dann das Vereinigte Königreich (1906) Gesetze zur Kontrolle der Immigration, die die Einwanderung bestimmter Bevölkerungsgruppen begrenzten.

Der historische und der ökonomische Kontext waren jeweils unterschiedlich: Die amerikanische Gesetzgebung zielte auf chinesische Arbeitskräfte ab, die als Konkurrenz zu den einheimischen Beschäftigten gesehen wurden, während die britische Gesetzgebung auf jüdische Menschen zielte, die vor Pogromen in Osteuropa flohen. Aber die Rhetorik war bemerkenswert ähnlich: Sittenlose Migrant_innen, die unterlegenen Rassen angehörten, sollten ferngehalten werden. Der US Chinese Exclusion Act hatte massive Auswirkungen. Während von den 1850er Jahren bis in die 1870er Jahre 20 bis 35 Prozent der chinesischen Migrant_innen nach Nord- oder Südamerika auswanderten und unter anderem am Bau der ersten transkontinentalen Eisenbahnstrecke weltweit mitarbeiteten, fiel der Prozentsatz der aus China Eingewanderten nach 1890 auf zwischen 2 und 5 Prozent. (Es brauchte 80 Jahre und die Verabschiedung des Immigration and Nationality Act 1965, bis die amerikanische Einwanderungspolitik die explizite Diskriminierung chinesischer Zuwanderer überwand.)

Die ersten politischen Maßnahmen zur Kontrolle von Zuwanderung waren Vorläufer späterer Muster; sie zielten nicht auf die menschliche Mobilität per se, sondern auf eine rassisch definierte Untergruppe von Migrant_innen. Im Lauf der Zeit verabschiedeten die Staaten der nördlichen Hemisphäre immer umfassendere und strengere Migrationsgesetze, um Einreise und Ansiedlung von Menschen anderer Nationalität sorgfältig zu kontrollieren und zu begrenzen. Erst nach dem Zweiten Weltkrieg waren die Länder des Nordens für den Wiederaufbau in großem Umfang auf die Zuwanderung von Arbeitskräften angewiesen, um die kriegsbedingten Verluste bei der eigenen Arbeitsbevölkerung auszugleichen.

Die Folgen der Migration für die Trennung ethnischer Gruppen

Die massiven Bevölkerungsbewegungen zu Beginn und in der Mitte des 20. Jahrhunderts, als infolge zweier Weltkriege Millionen Menschen zwangsweise ihre Heimat verlassen mussten, sind inzwischen mehr ein Thema der Geschichte als der persönlichen Erinnerung. In einem einzigen Jahrzehnt vor weniger als 100 Jahren, den 1940er Jahren, fanden enorme Flucht- und Migrationsbewegungen statt. Anfang und Mitte der 1940er Jahre vertrieben die Nationalsozialisten zwischen 7 und 9 Millionen Europäer_innen, insgesamt wurden infolge des Krieges über 60 Millionen Menschen heimatlos. Später zwangen die Ansiedlung von Juden und verwandte politische Entwicklungen rund 85 Prozent der arabischen Bevölkerung Palästinas, das Land zu verlassen, das schließlich das moderne Israel wurde.

Gerade einmal zwei Jahre nach dem Ende des Zweiten Weltkriegs gab es einen weiteren Bevölkerungsaustausch von dramatischen Dimensionen und mit schwerwiegenden humanitären Folgen, als das einstige Kronjuwel der Kolonialmacht Großbritannien in zwei Staaten geteilt wurde, das (hauptsächlich hinduistische) Indien und das (überwiegend muslimische) Pakistan. Der Versuch, das Territorium eines ehemals multiethnischen und multireligiösen Reichs nach der Religionszugehörigkeit aufzuteilen, führte dazu, dass sich viele Menschen auf der »falschen« Seite der neuen, künstlichen Grenze wiederfanden. Barbarische Massaker an den Minderheiten auf beiden Seiten kosteten über 1 Million Menschenleben. Von August bis Dezember 1947 mussten rund 15 Millionen Menschen fliehen und ließen ihre Wohnungen, ihren Besitz, ihre Gedenkstätten und ihre Geschichte zurück – ein eindeutiges Beispiel für Migration aus Verzweiflung.

Ein weiteres Mal wiederholte sich hier Geschichte und wurden aktuelle Realitäten vorweggenommen: Jede Familie und jede Einzelperson musste abwägen und entscheiden, ob Fliehen oder Bleiben der richtige Schritt war. Wie so oft gingen die besonders wohlhabenden und gut vernetzten Menschen als Erste, gefolgt von den kräftigen und qualifizierten. Der Anteil der Menschen aus den ärmsten, am wenigsten gebildeten dörflichen Gemeinschaften, die ihre Häuser verließen, war viel geringer – nur 40 Prozent der hinduistischen Geflüchteten, die vom östlichen (pakistanischen) Bengalen ins westliche (indische) Bengalen gekommen waren, gehörten der bäuerlichen Bevölkerung an, obwohl 75 Prozent der ursprünglichen hinduistischen Bevölkerung in Ostbengalen Bauern und Bäuerinnen waren.[15] 1956, nicht einmal zehn Jahre nach der Teilung, war nach einer indischen statistischen Erhebung ein Drittel der Geflüchteten voll berufstätig, eine höhere Quote als bei den Einheimischen.

Vernichtung, Vertreibung, Grenzkontrollen, Einweisung in Lager und zwangsweise Umsiedlung – all das gehörte zu diesen dramatischen menschlichen Wanderungsbewegungen und hinterließ ein gewaltiges persönliches, gesellschaftliches und politisches Erbe. Genau wie heute entstanden in all diesen Situationen die größten existenziellen Bedrohungen für ganze Bevölkerungen

15 Chatterji, The Spoils of Partition, S. 118.

aus Unbeweglichkeit oder der Unmöglichkeit, einen Ort zu verlassen, und weniger aus der Migration selbst.[16]

Diese Vertreibungen zu Beginn des 20. Jahrhunderts sind heute nicht mehr im allgemeinen Bewusstsein, aber viele erinnern sich an Beispiele aus jüngster Vergangenheit, und das sollte die aktuelle Migrations- und Flüchtlings-»Krise« in eine größere Perspektive rücken. Noch in den 1970er Jahren ereigneten sich in mehreren Regionen der Welt größere Bevölkerungsverschiebungen. Ein dramatisches Ereignis war in den frühen 1970er Jahren die Vertreibung von rund 10 Millionen Menschen als Folge des Bürgerkriegs in Pakistan, ein Erbe der früheren Teilung Indiens und ein Konflikt, der schließlich zur Gründung von Bangladesch führte. Das Ausmaß der Fluchtbewegung und die Reaktion in der Region sind aufschlussreich im Vergleich zu den heutigen Herausforderungen durch Flüchtlingsströme. Von April bis Dezember 1971 strömten rund 100 000 Menschen pro Tag nach Indien, Indien baute (mit der Hilfe des UN-Hochkommissars für Flüchtlinge, UNHCR, und des Internationalen Komitees vom Roten Kreuz) 330 Flüchtlingslager. Weder wurde eine Mauer errichtet noch ein Stacheldrahtzaun. Rund 6,8 Millionen Geflüchtete kamen in Lagern unter, weitere 3 Millionen fanden Aufnahme bei indischen Gastfamilien im ganzen Land. Alle Geflüchteten wurden beim Grenzübertritt von den indischen Behörden registriert und erhielten ein Einreisedokument, eine Sonderration Nahrungsmittel für ihre Reise im Land so-

16 Diesen Gedanken habe ich von Tara Zahra übernommen, die mir großzügig ein unveröffentlichtes Paper überlassen hat, als sie mit mir über eine ähnliche Idee nachdachte.

wie Impfungen gegen Cholera und Pocken. Im Gegensatz dazu haben viele syrische Geflüchtete in Nachbarländern Syriens heute keine Registrierungsdokumente, und weil immer weniger Menschen in den Flüchtlingslagern geimpft sind, treten Seuchen wie Cholera auf, was die Menschen dort bis zum Ausbruch des Syrienkonflikts nicht kannten.

Kurz nach der Teilung Pakistans, Mitte der 1970er Jahre, führten Unruhen in Südostasien nach dem Ende des langwierigen Vietnamkriegs und der Errichtung kommunistischer Regimes dazu, dass über 3 Millionen Menschen Laos, Kambodscha und Vietnam verließen. Rund 800 000 sogenannte »Boat People« flohen nach Malaysia, Indonesien, Thailand, Hongkong, auf die Philippinen und an andere Orte in der Region, geschätzte 400 000 Menschen kamen bei der Flucht ums Leben.

Als in großer Zahl weiter Menschen aus Vietnam in andere südostasiatische Länder flohen, drohten diese, ihre Grenzen zu schließen, und drängten darauf, dass Vietnam die Flucht verhinderte. Doch weder die eine noch die andere Strategie – weder die Grenzschließung noch die Blockierung der Flucht – funktionierte, genau wie später in ähnlichen Situationen. Schließlich gelang es dem UN-Generalsekretär, eine Vereinbarung auszuhandeln, nach der Vietnam das »illegale« oder unerlaubte Verlassen des Landes verhinderte und stattdessen den »geordneten« Weggang unterstützte. Gleichzeitig erklärten sich andere Länder bereit, mehr Verantwortung für die verzweifelten Menschen zu übernehmen, die aus ihrer Heimat weggingen, und ihre Aufnahmequoten deutlich zu erhöhen. 1979 ließen Indonesien und die Philippinen 25 000 Geflüchtete pro Monat ins Land, und, weiter weg gelegen, westliche Länder, darunter die Vereinigten Staaten, Australien, Frankreich und Kanada, kümmerten sich zwischen 1979 und 1982 um mehr als eine halbe Million Geflüchtete, eine Zahl, die heutige Aufnahmequoten in den Schatten stellt. Weltweite Programme in Reaktion auf die humanitäre Krise nach dem Ende des Vietnamkriegs, um die Verantwortung zu teilen, retteten und verbesserten das Leben von Millionen mittellosen Geflüchteten. Wieder ist das ein instruktives Modell für den Umgang mit den heutigen Herausforderungen.

Trotz dieser großen Anstrengungen war Ende der 1980er Jahre immer noch kein Ende des Flüchtlingsstroms aus Vietnam absehbar. Sehr viele Menschen, tatsächlich ganze Familien und Gemeinden, blieben bei ihrem Entschluss, vor der Politik der Vietcong-Regierung zu fliehen. Die Regierung antwortete mit zwangsweisen Umsiedlungen im Land, der Errichtung von Umerziehungslagern und anderen drakonischen Maßnahmen. Zu der Zeit wandelte sich allerdings die Einstellung gegenüber der Aufnahme von Geflüchteten in der Region. Da die Regierungen unter einheimischen Druck gerieten und außerdem eine funktionierende internationale Übereinkunft fehlte, waren sie nicht länger bereit, im selben Maß wie in der Vergangenheit zu helfen. 1987 begann Thailand, Geflüchtete aus Vietnam festzusetzen und nach Hause zurückzuschicken (der technische Begriff war »Refouling« nach dem französischen Wort »refoulement« für Rückführung an einen Ort, an dem Gefahr für das Leben und die Freiheit droht). In Vorwegnahme aktueller politischer Reaktionen rückten auch die westlichen Länder von ihrer früheren großzügigen Aufnahmepraxis ab mit dem Argument, die geflüchteten Vietnames_innen seien »Wirtschaftsflüchtlinge« und nicht Asylberechtigte. Vor diesem Hintergrund wurde 1989 der Comprehensive Plan of Action für den Umgang mit den Geflüchteten aus Vietnam beschlossen.

Der Plan sollte die Rückführung der Geflüchteten fördern und die Resettlement-Zahlen im Interesse der westlichen Länder reduzieren. Doch das funktionierte nicht, die Menschen flohen weiter vor den kommunistischen Regimes in Südostasien. Schließlich kam eine Übereinkunft mit den vietnamesischen Behörden zustande. Nach dem Orderly Departure Program konnten Menschen, die das Land verlassen wollten, dies ungehindert und geordnet tun und mussten sich nicht auf gefährliche Wanderungen oder Seereisen begeben. Die Resettlement-Zahlen stiegen dennoch weiter; allein die Vereinigten Staaten, die ihren Anteil an den schrecklichen Folgen des Konflikts und die daraus resultierenden humanitären Verpflichtungen anerkannten, nahmen 1 Million Geflüchtete aus Vietnam auf. Viele Faktoren, die die Menschen zur Flucht veranlassten, viele Wege, die die Geflüchteten einschlugen, und die Reaktionen der Staaten weisen auf das voraus, was heute geschieht. Die gegenwärtige Flüchtlings-»Krise« in Europa ist die Wiederholung eines Stücks, das im Lauf der Geschichte schon oft aufgeführt wurde.

Ende der 1970er Jahre brachte der Konflikt in Afghanistan eine weitere große Fluchtbewegung. Ausgelöst wurde sie zunächst durch die vom Kalten Krieg motivierte sowjetische Intervention in dem strategisch wichtigen gebirgigen Land. Weitere verheerende Ereignisse verschlimmerten die schrecklichen Auswirkungen auf das Leben in Afghanistan noch zusätzlich: der Aufstieg der Taliban, die amerikanische Invasion nach den Angriffen auf das

World Trade Center im September 2001 und gleichzeitig eine Dürrekatastrophe im Land. In der Folge floh fast ein Drittel der 26 Millionen Einwohner_innen Afghanistans. Bis zu Beginn des neuen Jahrtausends hatten über 8 Millionen Menschen Afghanistan verlassen, die große Mehrheit fand Aufnahme in den beiden Nachbarländern Pakistan und Iran. Obwohl die Feindseligkeiten endeten und einige Geflüchtete zurückkehrten, lebten 2013 immer noch über 7 Millionen vertriebene Afghan_innen außerhalb ihres Landes. Da von den Taliban und anderen militanten Gruppen bis heute eine erhebliche Gefahr ausgeht und fast ein halbes Jahrhundert bewaffnete Auseinandersetzungen den Wiederaufbau des Landes verhindert haben, stellen Menschen aus Afghanistan den größten Teil der Asylsuchenden in der Europäischen Union (EU). Weil versäumt wurde, die humanitären, wirtschaftlichen und politischen Auswirkungen des langjährigen Konflikts systematisch anzugehen, werden die afghanischen Menschen noch über Generationen hinweg leiden.

Die massiven Fluchtbewegungen in der zweiten Hälfte des 20. Jahrhunderts rührten nicht nur von Ereignissen außerhalb Europas her. Die Auflösung des kommunistischen Sowjetreichs Ende des Jahrhunderts verursachte mehrere große Migrationswellen. Bei der ersten 1991 flohen Hunderttausende Albaner_innen vor dem politischen Chaos nach dem Zusammenbruch ihres brutalen Unterdrückungsregimes nach Italien. Wie heute kamen Tausende in überfüllten Booten an Italiens Küsten an und wurden in Behelfsunterkünften untergebracht, unter anderem im Fußballstadion von Bari. Nach Zahl und politischer Dringlichkeit noch bedeutsamer war der Flüchtlingsstrom infolge der blutigen Auseinandersetzungen nach dem Zusammenbruch der Sozialistischen Föderativen Republik Jugoslawien. Zwischen 1992 und 1995 starben rund 100 000 Menschen, mehr als 2 Millionen wurden heimatlos; damit verursachte der Jugoslawienkonflikt die schlimmste humanitäre Krise seit dem Ende des Zweiten Weltkriegs. Obwohl die bosnischen Muslim_innen die meisten Opfer verzeichneten und die schlimmste Gewalt erlitten, darunter barbarische Massenvergewaltigungen und gezielte »ethnische Säuberungen«, waren auch sehr viele Serb_innen und Kroat_innen betroffen. Die Vertreibung so vieler Menschen provozierte komplexe, meist restriktive migrationspolitische Entscheidungen ähnlich denen in der heutigen Krise. Zwei Übereinstimmungen sind besonders bemerkenswert: Es gab keine Anzeichen für eine Verteilung der Lasten in Europa, woraufhin Deutschland einen überproportional großen Teil von Asylsuchenden aufnahm. Und statt den verzweifelten Menschen, die geflohen waren, um ihr Leben zu retten, einen permanenten Flüchtlingsstatus zuzusprechen, führten viele europäische Länder Formen eines temporären, subsidiären Schutzes ein, eine eher prekäre Art der humanitären Hilfe, die zur Folge hatte, dass nach dem Friedensschluss viele Geflüchtete rasch und unnachgiebig in ihre vom Krieg zerstörten Heimatländer zurückgeschickt wurden.

Einige historische Lehren

Der kurze Überblick über die Geschichte der Migration belegt, dass zu allen Zeiten Menschen ihre Heimat verlassen haben, um ihr Leben zu retten und ein besseres Leben führen zu können. Im Lauf der Jahrtausende haben Menschen riesige Entfernungen, physische und kulturelle

Grenzen überwunden, neue Bindungen geknüpft und alte bewahrt. Der Blick in die Vergangenheit ist ein Anstoß, die Betrachtung der Migration heute unter dem »Krisen«-Aspekt zu hinterfragen. Er zeigt, wie umfangreiche Wanderungsbewegungen im Lauf der Zeit die Bezugsgröße verändern, an der Umfang und Bedeutung der »Invasion« oder »Flut« gemessen werden. Die Mobilität der Menschen hat Gefahren erzeugt – für einheimische Bevölkerungen, für kolonisierte Völker, für die ausgebeuteten Migrant_innen selbst –, aber auch enorme Chancen eröffnet. Politische, kulturelle, ökonomische und ethische Prioritäten wirken in unterschiedlicher Weise zusammen und beeinflussen die Wanderungsströme sowie die Wahrnehmung von Gefahren und Chancen. Die englischen Puritaner_innen, die auf der Flucht vor religiöser Verfolgung nach Neuengland kamen, wurden zu den Gründervätern und -müttern Amerikas und amerikanischen Staatsbürger_innen, aber sie dezimierten die amerikanische Urbevölkerung. Indische und chinesische Migrant_innen, die auf der Suche nach neuen wirtschaftlichen Chancen den Ozean überquerten und in die Karibik, nach Afrika oder Lateinamerika gelangten, vermischten sich mit der einheimischen Bevölkerung und entwickelten Mischidentitäten und Mischkulturen. Griechischsprachige Muslim_innen, die als Folge eines außenpolitischen Tauschhandels nach der Vertreibung von Millionen Christ_innen aus Anatolien Saloniki verlassen mussten, wurden Teil der Bevölkerung einer säkular gewordenen Türkei.

Die Reaktionen auf Neuankömmlinge fallen sehr unterschiedlich aus, so unterschiedlich wie die Gründe wegzugehen: Es ist ein komplexes, oft spekulatives Abwägen von Vor- und Nachteilen – wirtschaftlichem Nutzen, kulturellen Herausforderungen, politischen Ängsten, menschlichen Kosten und erhofften Gewinnen. Die Rede von der Krise verschleiert diese alte Komplexität häufig, indem sie einen starren, dominierenden Rahmen – die vermeintliche Bedrohung für die bestehende Gemeinschaft – über die vielen anderen relevanten kritischen Variablen legt, darunter die Möglichkeit der gesellschaftlichen und ökonomischen Bereicherung, der lokalen und geopolitischen Stärkung, neuer wechselseitiger Verbindungen und technologischer Gewinne. All diese Dimensionen enthalten Unwägbarkeiten. Dazu zählen auch Fragen der Ethik, ob und welche Verpflichtungen wir anderen Menschen gegenüber haben, die wir möglicherweise in der Vergangenheit unterdrückt haben. Wie weit gehen solche Verpflichtungen oder sollten sie gehen? Und welche Konsequenzen gehören dazu oder sollten dazugehören?

II Die Pflicht, sich zu kümmern

Der 2. September 2015 war ein Wendepunkt. Nilüfer Demir, eine türkische Journalistin, fotografierte den leblosen, vollständig bekleideten Körper eines dreijährigen syrischen Jungen namens Alan Kurdi, der an einem Strand unweit des beliebten türkischen Badeorts Bodrum angespült worden war.[17] Die vierköpfige Familie des Kindes hatte 5860 Dollar für die halbstündige Überfahrt von der Türkei zur griechischen Insel Kos bezahlt; es war ihr dritter Versuch, mit dem die lange Reise nach Kanada hätte beginnen sollen. Alle Familienmitglieder trugen die untauglichen Schwimmwesten, die Schlepper regelmäßig ihren Kund_innen aushändigen; sie sollen den Anschein von Sicherheit erwecken, bieten aber keine Sicherheit. Mittlerweile liegen Tausende solcher Westen an Stränden des Mittelmeers, neben Überresten der toten Menschen, die sie getragen haben. Fünf Minuten, nachdem die Familie von Alan Kurdi in tiefster Nacht in das kleine Schlauchboot geklettert war, kenterte es. Dabei starben noch zwei weitere Kinder. Seit Anfang 2015 sind über 12000 Geflüchtete und Migrant_innen auf dem Weg nach Europa im Mittelmeer ertrunken. Wenn es sichere legale Wege nach Europa gegeben hätte, hätten sie nicht sterben müssen.

Haben wir moralische Verpflichtungen, und wenn ja, welche, gegenüber Verzweiflungsmigrant_innen, die durch Flucht ihr Leben retten wollen? Und gegenüber den

17 Der Name des Kindes wurde erst mit Aylan Kurdi angeben, später stellte sich heraus, dass es Alan hieß.

vielen anderen, die unerträgliche Umstände dazu bringen, ihre Heimat zu verlassen? Haben wir eine Verpflichtung, unsere Privilegien zu teilen? Dürfen wir unser persönliches oder nationales Eigeninteresse an die erste Stelle setzen? Ist echte Angst ein berechtigter Grund, bestimmte Bevölkerungsgruppen zu diskriminieren? Besitzt das Kollektiv, das wir als ein Land bezeichnen, etwas, das Behauptungen über eine nationale »Identität« und deren Schutz rechtfertigt? Ist großzügige humanitäre Hilfe für Menschen in Not, vorausgesetzt, sie halten sich von unseren Grenzen fern, eine adäquate Reaktion?

Diese besorgten Fragen beeinflussen direkt, ob und wie wir die Flüchtlings- und Migrationskrise lösen können. Die Geschichte der Migration, wie wir sie in Kapitel 1 diskutiert haben, zeigt, wie verflochten Bevölkerungen sind und dass die Verbindung eines bestimmten Volks mit einem bestimmten Raum eher konstruiert als »natürlich« ist. Trotzdem lehnen viele Gruppen Verpflichtungen gegenüber Fremden innerhalb wie außerhalb ihrer Länder strikt ab, befürworten Isolationismus, verschärften Grenzschutz und Abschottung mithilfe des Militärs. Diesseits wie jenseits des Atlantiks gibt es politische Stimmen, die das lautstark fordern. Präsident Trump hat sich wiederholt damit gebrüstet, niemand könne so effizient wie er mit seiner Erfahrung als Unternehmer in der Baubranche eine Mauer errichten: »Ich werde eine große Mauer bauen – niemand baut Mauern besser als ich, glauben Sie mir –, und ich baue sie sehr kostengünstig. Ich werde eine sehr große Mauer an der südlichen Grenze bauen, und ich werde Mexiko dafür bezahlen lassen. Merken Sie sich meine Worte.« Die entgegengesetzte Position vertreten jene, die die moralische Legitimität restriktiver Grenzkontrollen in Zweifel ziehen und stattdessen eine großzügigere Einwanderungspolitik befürworten.

Bei all diesen Ansätzen geht es um unsere moralische Identität, um die daraus erwachsenden Solidaritätsforderungen und um die rechtfertigenden Prinzipien, die solchen Forderungen zugrunde liegen. Lassen sich unsere Verpflichtungen gegenüber anderen, so wie sie sind, am besten in Bezug auf ihre (physische, kulturelle oder geistige) Nähe zu uns oder in Bezug auf die Intensität ihrer (wirtschaftlichen, medizinischen oder politischen) Not fassen, in Bezug auf unsere Fähigkeiten, etwas zu geben (materiellen Wohlstand, Stabilität unserer demokratischen Institutionen, Bevölkerungsdichte), oder in Bezug auf andere ethische Verpflichtungen, mit denen wir unserem Leben Sinn verleihen?

Diese Fragen betreffen uns als Individuen. Aber sie durchdringen auch Probleme der Verteilungsgerechtigkeit und Fragen, wie wir als politische Gemeinschaften (Städte, Staaten und Regionen) unsere kollektiven ethischen Verpflichtungen umsetzen. Antworten auf die Fragen nach unseren Pflichten gegenüber »anderen« drehen sich um Gastfreundschaft und Solidarität, darum, wen wir willkommen heißen und in unsere Gemeinschaft aufnehmen (die Immigrationsfrage), wie wir die bereits bei uns lebenden Migrant_innen behandeln (die Frage der Nichtdiskriminierung) und was wir in Not befindlichen »anderen«, die weit von uns entfernt leben, schuldig sind (die Frage nach der weltweiten Gleichheit).

Ich schlage vor, dass der moralische Kompass, den wir im Zusammenhang mit unseren Verpflichtungen gegenüber Fremden in unserem Land zurate ziehen, auch für

Fremde von außerhalb gelten soll, wenngleich modifiziert und abgemildert. Die Staatsbürgerschaft oder die Nationalität sind keine vorab definierten Verträge über gegenseitige Unterstützung innerhalb einer geschlossenen Gruppe, sondern Zugehörigkeiten, die Pflichten und Ansprüche generieren, und deren Reichweite definiert das Kollektiv immer wieder neu. Es gibt keine Rechtfertigung a priori für eine bestimmte Leistung. Wir alle sind Teil des Prozesses der Definition und Neudefinition und akzeptieren Ergebnisse, denen wir nicht zustimmen, auf unser Risiko hin (oder zu unserer Schande). Vielleicht neigen wir zu einer starken Loyalität oder sogar psychischen Abhängigkeit von tiefverwurzelten kulturellen Traditionen, einem sprachlichen Erbe oder einer diffusen »Lebensweise«. Aber wir müssen einsehen, dass all diese »Fakten« des sozialen Lebens sich dauernd ändern und lebendige Traditionen sind, nicht archäologische Relikte.

Die relevanten ethischen Fragen umfassen humanitäre Schutzverpflichtungen und Distributionspflichten, innerhalb territorialer Grenzen und darüber hinaus mit anderen zu teilen. Ich vertrete die Auffassung, dass über Kulturen und Religionen hinweg unsere spirituellen und ethischen Traditionen auf einem inklusiven humanitären Fundament ruhen. Unser normatives Erbe, eine Reaktion auf verheerende Ereignisse und katastrophale geschichtliche Erfahrungen mit unterdrückerischer Herrschaft, ermuntert uns zu großzügigen Einsatz für andere. Unsere affektiven Triebe, die von einer langen Geschichte des globalen Austausches geformt wurden, lenken uns zu nicht diskriminierendem Verhalten.

In multikulturellen, gemischten Gesellschaften, die aus dem moralisch neutralen Zufall der Geburt und durch jahrhundertelange Binnenmigration wie auch Migration über Grenzen hinweg (das, was der Soziologe Michel Foucault als die »Ära des Nebeneinander« bezeichnet hat) entstanden sind, muss allein schon der Begriff »unsere Gesellschaft« hinterfragt werden. Wer hat die Felder bearbeitet, die Rohstoffe erzeugt, die Infrastruktur und die Industrien aufgebaut, denen die reichen Länder ihren Wohlstand verdanken? Die Vergangenheit und weiterbestehende Ungleichgewichte in Handelsvereinbarungen untermauern die Einschätzung, dass eine starke Verpflichtung zur Entschädigung für die nach wie vor wirksamen Folgen von Eroberung und Ausbeutung sowie zum Ausgleich ererbter Privilegien besteht. Die Geschichte ist Teil unserer Gegenwart. Wer erbringt heute Dienstleistungen und kümmert sich in unseren wohlhabenden Gesellschaften um kranke, alte und sehr junge Menschen? Wer stellt unsere Autos, Kleider und Computer her? Wer sind »wir«? Der Begriff »unsere Gesellschaft« oder »wir« ist ein Konstrukt, das sich nicht automatisch mit Kultur, Nationalität oder staatlichen Grenzen deckt.

Der Appell an Gefühle: Eine polarisierte Reaktion

Das Bild von Alan Kurdi ging wie ein Lauffeuer um die Welt, genauso schnell und genauso weit. Innerhalb weniger Stunden fand es unter dem Hashtag »Humanity washed ashore« virale Verbreitung und wurde die am meisten getwitterte Botschaft.[18] Wie das ikonische, 43 Jahre zuvor aufgenommene, gleichfalls voyeuristische Bild eines anderen Kindes, der neunjährigen Vietnamesin Phan Kim Phúc, die mit schweren Verbrennungen durch

18 So Mann, Humanity at Sea, S. 1.

eine südvietnamesische Napalmbombe nackt flieht, war auch dieses ein Bild, das eine ganze Generation verfolgen und vielleicht den Lauf der Geschichte verändern wird.[19] Und wie das Bild des brennenden Mädchens setzte auch das Bild des ertrunkenen Jungen äußerst kontroverse emotionale Reaktionen frei, die auf die damit verbundenen ethischen Fragen gegensätzliche Antworten gaben.

Das Bild von Kim Phúc kommentierte der damalige amerikanische Präsident Richard Nixon in einer Unterredung mit seinem Stabschef, die auf Band aufgenommen wurde, mit den Worten: »Ich frage mich, ob das gestellt war.« Der ungarische Ministerpräsident Viktor Orbán reagierte ähnlich auf das Bild des dreijährigen syrischen Jungen. Am 4. September, zwei Tage nach dem Tod des Kindes, verwahrte er sich gegen Erpressung: »Wir denken, alle Länder haben das Recht, zu entscheiden, ob sie eine große Zahl von Muslim_innen innerhalb ihrer Grenzen *haben wollen*. Wenn sie mit ihnen zusammenleben wollen, können sie das tun. Wir wollen es nicht, und ich denke, wir haben das Recht zu entscheiden. [...] Ich sehe keinen Grund, warum *irgendjemand uns zwingen sollte*, Formen des Zusammenlebens in Ungarn zu schaffen, die wir nicht haben wollen.«[20] Das »Wir«, von dem Orbán hier spricht, ist eine ethnisch homogene, weiße, christliche Gemeinschaft, die einen kulturellen Zusam-

19 Zufällig gibt es auch da eine Verbindung zu Kanada: Phan Kim Phúc ist heute kanadische Staatsbürgerin. Im Gegensatz zu Alan hat sie ihr Martyrium überlebt und in Kanada eine neue Heimat gefunden.

20 Mackey, Hungarian Leader Rebuked for Saying Muslim Migrants Must Be Blocked »to Keep Europe Christian« (Hervorhebung der Autorin).

menprall mit Muslim_innen erfährt. Ungarn errichtete einen kilometerlangen Stacheldrahtzaun und blockierte damit erstmals in der Geschichte der Europäischen Union die Freizügigkeit auf dem europäischen Kontinent. Gleichzeitig schossen Orbáns Popularitätswerte in den Umfragen nach oben.

Der Brexit war die erste große politische Konsequenz der tiefreichenden, in der Bevölkerung weit verbreiteten Ablehnung von Verpflichtungen gegenüber Fremden, wie sie Orbán formuliert hatte. Als das Jahr 2016 ins Jahr 2017 überging, sorgte die Angst vor Terrorismus in Verbindung mit der protektionistischen Verteidigung einheimischer Arbeitsplätze und Sozialleistungen dafür, dass Fremdenfeindlichkeit und Rassismus auf fruchtbaren Boden fielen. Islamfeindlichkeit stand im Vordergrund, aber auch andere Formen von Hass brachen sich immer öfter Bahn.

Niemand hat das eloquenter ausgedrückt als Donald Trump, der die skrupellose Verfolgung des nationalen Eigeninteresses und die hemmungslose Anprangerung von Sündenböcken weltweit salonfähig machte. Die Logik der Ausgrenzung von geflüchteten Menschen und Migrant_innen ist immer mehr zu einem zentralen Argument in der politischen Auseinandersetzung geworden, mit dem sich Stimmen gewinnen lassen, nicht nur in Osteuropa und im amerikanischen Rostgürtel, sondern auch im Alten Europa. Politiker_innen vom Schlag des Niederländers Geert Wilders, der Französin Marine Le Pen, der Deutschen Alice Weidel und des Italieners Beppe Grillo versuchen mit unterschiedlichem Erfolg, eine breite Plattform für die scharfe Abgrenzung »sie und wir« zu schaffen, die Pflichten gegenüber Außenstehenden ablehnt und das enggefasste Eigeninteresse in Verbindung mit harten Grenzkontrollen rechtfertigt.

Viele öffentliche Statements unmittelbar im Anschluss an den Ertrinkungstod von Alan Kurdi artikulierten eine entschieden andere Sicht, drückten brennenden persönlichen Schmerz und ein intensives Gefühl gesteigerter kollektiver Verantwortung aus. Nicola Sturgeon, die Vorsitzende der Schottischen Nationalpartei, fasste eine verbreitete Reaktion in Worte: »Ich bin bestimmt nicht die einzige Person, die gestern Abend beim Anblick des Bildes eines kleinen Jungen, der an einem Strand angespült worden war, in Tränen ausgebrochen ist. Der Junge hat unsere Herzen berührt. Aber seine Tragödie ist kein Einzelfall. Er und Tausende andere, deren Leben ebenfalls in Gefahr sind, fallen nicht in die Verantwortung von irgendjemand anderem; wir alle tragen die Verantwortung für sie.« Und Manuel Valls, damals französischer Ministerpräsident, drückte einen Tag nach Alans Tod das gleiche Gefühl im Telegrammstil aus: »Er hatte einen Namen: Alan Kurdi. Handeln dringend geboten – eine europaweite Mobilisierung ist vonnöten.«[21]

Jean-Claude Juncker, der Präsident der EU-Kommission, sprach unmittelbar nach der Veröffentlichung des Bilds von Alan Kurdi für viele europäische Politiker_innen: »Seit Beginn des Jahres [2015] haben sich fast 500 000 Menschen nach Europa durchgeschlagen. […] Die Zahlen sind eindrucksvoll, für einige sogar beängstigend. Aber jetzt ist nicht die Zeit, sich Ängsten hinzugeben. Es ist vielmehr an der Zeit für mutiges, entschlossenes

21 Taroor, Death of Drowned Syrian Toddler Aylan Kurdi Jolts World Leaders.

und gemeinsames Handeln der Europäischen Union, unserer Institutionen und aller Mitgliedstaaten. Dies ist vor allem eine Frage der Menschlichkeit und der Menschenwürde. Für Europa ist es zudem eine Frage der historischen Gerechtigkeit. Wir Europäer sollten uns daran erinnern, dass Europa ein Kontinent ist, auf dem im Laufe der Geschichte fast jeder einmal ein Flüchtling war. [Die Situation] erfordert einen großen Kraftakt europäischer Solidarität. Vor dem Sommer haben wir von den Mitgliedstaaten nicht die Unterstützung erhalten, auf die ich gehofft hatte. Aber ich sehe, dass sich die Stimmung wandelt. Und ich glaube, dafür ist es auch höchste Zeit. […] Europa – das ist der Bäcker im griechischen Kos, der sein Brot an die hungrigen und ermatteten Menschen verteilt. […] Das ist das Europa, in dem ich leben will.«[22]

Die starken moralischen und religiösen Untertöne dieser emotionalen Rede sind deutlich. Sie kamen in den Bekundungen menschlicher Anteilnahme und Großzügigkeit zum Ausdruck, mit denen notleidende Fremde empfangen wurden, als sie in jüngster Zeit massenhaft in Europa eintrafen. Von kostenlosen Wasserflaschen, die auf Bahnhöfen verteilt wurden, über improvisierte Übernachtungsmöglichkeiten bei Gastfamilien in den Niederlanden, über eine intensiv genutzte, öffentlich finanzierte deutsche Facebook-Seite für Geflüchtete bis zu den Ankündigungen von Bürgermeister_innen und Stadträten in ganz Amerika, die ihre Städte zu Zufluchtsorten erklärten: Die kollektive staatsbürgerliche Reaktion auf die An-

22 Juncker, Lage der Union 2015. Zeit für Ehrlichkeit, Einigkeit und Solidarität.

kunft der mittellosen, vor Notlagen geflohenen Menschen war beeindruckend.

Öffentliche Hilfe für Geflüchtete gab es nicht erst nach ihrer Ankunft. Viele haben enorme ökonomische und personelle Ressourcen aufgeboten, um in Flüchtlingslagern im Nahen Osten zu helfen und durch Sponsor-Regelungen die Aufnahme von Geflüchteten zu ermöglichen. In Kanada beispielsweise engagierten sich Hunderttausende Bürger_innen persönlich und finanziell für geflüchtete Menschen. Das Bild des toten Alan Kurdi mobilisierte viel Unterstützung: Innerhalb eines Jahres brachte Kanada mehr als 40 000 Geflüchtete unter, mehr als ein Drittel von ihnen bekam Hilfe von privaten Sponsor_innen.

Gottes Ebenbild: Religiöse Einstellungen zu unseren Pflichten gegenüber Fremden

Ob Orbán oder Juncker, Politiker_innen berufen sich in ihren Äußerungen zur Flüchtlings- und Migrationskrise häufig auf religiöse und ethische Überzeugungen. Das ist nicht überraschend. Große, kaum in Worte zu fassende Fragen zu den Grenzen der Gastfreundschaft und unseren Pflichten Fremden gegenüber stehen seit Beginn der Erforschung des Göttlichen im Zentrum religiöser Überlegungen. Die heiligen Schriften der monotheistischen Religionen, die Tora, die Bibel und der Koran, beschreiben alle auf je unterschiedliche Weise den verletzlichen Fremden als entweder Gott oder ein Werkzeug Gottes. Aber für alle großen Religionen ist auch eine tiefe Kluft zwischen dem geschriebenen Text und der täglichen Praxis typisch. Obwohl die Religionen Gastfreundschaft gebieten, folgen Regimes, deren Autoritätsbasis eng mit der Religion verknüpft ist, diesem Gebot im Alltag nur selten.

Die Bibel enthält eine der intensivsten Schilderungen unserer Verpflichtungen gegenüber Fremden. Die Vertreibung von Adam und Eva und ihr Auszug aus dem Paradies galten als das ursprüngliche Bild Gottes, als dessen Ebenbild *alle* Menschen geschaffen wurden. Wer Migrant_innen ablehnt, weil sie »nicht zu uns gehören«, verstößt gegen dieses gemeinsame Erbe. In der bekannten Passage von Levitikus (19,34) heißt es: »Der Fremde, der sich bei euch aufhält, soll euch wie ein Einheimischer gelten, und du sollst ihn lieben wie dich selbst; denn ihr seid selbst Fremde in Ägypten gewesen. Ich bin der Herr, euer Gott.«

Auch das Neue Testament liefert reichlich Unterstützung für die schlichte Aufforderung »Deinen Nächsten sollst du lieben wie dich selbst« (Lukas 10,27). Einige kirchliche Stimmen haben vielleicht im Anschluss an dieses Gebot den Begriff des Nächsten weit gefasst und die heilige Familie von Nazareth, die nach Ägypten geflohen ist, als Archetypus jeder Flüchtlingsfamilie verstanden. Auch der Islam hält die Verpflichtungen gegenüber Fremden hoch. Asylsuchende und Geflüchtete haben im gesamten Dar-al-Islam (der Welt, in der das islamische Gesetz gilt) nach dem Recht der Hidschra Anspruch auf Schutz, ob sie muslimischen Glaubens sind oder nicht.

All diese religiösen Grundsätze fließen in der moralischen Norm der uneingeschränkten Gastfreundschaft zusammen, die praktisch bedeutet, dass jeder und jede Fremde – egal, was an Unbekanntem er oder sie bringt – willkommen sein soll. Heute erscheint diese Norm utopisch (das heißt, sie gehört zu einem u-topos, einem Nicht-Ort), obwohl auch prominente zeitgenössische Philosophen wie Emmanuel Levinas und Jacques Derrida sie vertreten. Aber das rührt daher, dass wir so kurzsichtig sind, so eingeschränkt durch und fixiert auf die unmittelbare Gegenwart. Die langfristige Geschichte der menschlichen Migration zeigt, wie in Kapitel 1 dargelegt, wie selbstverständlich die Gestalt des notleidenden Geflüchteten zu allen Zeiten war. Die drei großen abrahamitischen Religionen illustrieren mit dem Leben ihrer Protagonisten Moses (gerettet aus dem Schilf), Jesus (geboren in einem Stall mit Eltern, die auf der Flucht waren) und Mohammed (einem Flüchtling aus Mekka) den Satz, »So hätte es auch mir ergehen können«, und begründen damit eine starke Tradition, sowohl die guten Gründe der »Reise« anzuerkennen wie die Bedeutung des Zufluchtsorts.

Die genauen Parameter des religiösen Gebots, die Gastfreundschaft auf Fremde in Not auszudehnen, sind in der Praxis weit weniger klar als die Norm der Gastfreundschaft an sich. Die Gründung Israels macht das Problem deutlich. Einerseits ist das Zitat aus Levitikus die Grundlage für die Verpflichtung, Menschen aufzunehmen, die vor einem Übel fliehen. Andererseits dient die Tatsache, dass die jüdische Souveränität und das Überleben der jüdischen Bevölkerung zentrale Aspekte des jüdischen Narrativs und Ziele an sich sind, als Rechtfertigung für eine massiv restriktive Politik nicht nur gegenüber der palästinensischen Bevölkerung (innerhalb wie außerhalb Israels), sondern auch gegenüber anderen Fremden in Not.

Auch die christliche Lehre wurde nicht konsequent angewendet. In dem berühmten Gleichnis des Neuen Testaments hilft der gute Samariter dem Fremden auf der Straße, der unter die Räuber gefallen ist, bietet ihm

Schutz und Unterstützung, aber er nimmt ihn nicht mit nach Hause. Heißt das, dass die christliche Verpflichtung Geflüchteten gegenüber mit humanitärer Hilfe im Ausland abgegolten ist und nicht die Aufnahme im eigenen Land verlangt? Einige, darunter auch einflussreiche westliche Wissenschaftler_innen und Befürworter_innen der Aufnahme von Geflüchteten, haben das als pragmatischen und politisch tragfähigen Kompromiss zwischen unerträglicher Gleichgültigkeit und nicht umsetzbarem Idealismus vorgeschlagen. Wenn die Nachbarn von Ländern, die Ursprünge von Verzweiflungsmigration sind, großzügig mit Geld unterstützt würden, so das Argument, dann könnten große Fluchtbewegungen mit all den persönlichen Gefahren und dem Leid wie auch mit den politischen Konsequenzen vermieden werden.

Mich überzeugt diese Rechtfertigung, Geflüchtete in großer Zahl vom reichen Norden fernzuhalten, nicht, denn die Abschottung trägt wesentlich zu dem gegenwärtigen Gefühl von »Krise« bei und legitimiert scheinbar die Verfestigung der massiven Ungleichheit bei den Lebenschancen. Wir sehen das fortbestehende Erbe von Lagern in Dadaab in Kenia, einer riesigen regelrechten Flüchtlingsstadt, wo mittlerweile drei Generationen von Menschen aus Somalia ihr gesamtes Leben verbracht haben, ohne Arbeit und Zukunftsaussichten, und in den Unterbringungen, die de facto Gefängnisse für Flüchtlinge sind, auf den entlegenen winzigen, trockenen Pazifikinseln Nauru und Manus, wohin Australien seine humanitäre Gastlichkeit ausgelagert hat. Das Leben in den Flüchtlingslagern ist unweigerlich das »nackte Leben«: reduziert auf das Überleben, die Verweigerung jeder Möglichkeit, sich frei zu fühlen und selbstständig zu sein.

Judentum und Christentum sind nicht die einzigen großen Weltreligionen, deren ethische Äußerungen zur Behandlung von Fremden problematische Folgen zeitigten. Das Gleiche gilt auch für den Islam. Obwohl einige überwiegend muslimische Länder wie der Libanon, die Türkei, Jordanien und Pakistan Vorschriften des Islam zitieren, um ihre Politik der offenen Tür gegenüber Geflüchteten zu rechtfertigen, lehnen andere muslimische Länder die Aufnahme ab.

Der Gegensatz ist massiv. Ein Vers aus dem Koran, in dem die Gastfreundschaft gegenüber Fremden gepriesen wird, wurde während der Feierlichkeiten zum Eid-Fest 2014 gut sichtbar zwischen den beiden Minaretten der wichtigsten und größten Istanbuler Moschee aufgehängt, zu einer Zeit, als Tausende mittellose Geflüchtete aus Syrien ins Land kamen. Heute beherbergt die Türkei über 3 Millionen Geflüchtete, so viel wie kein anderes Land. Saudi-Arabien hat keine Geflüchteten aufgenommen, aber wie der barmherzige Samariter leistet es außerhalb seiner Grenzen Hilfe – nach Angaben des saudischen Außenministeriums wurden über 700 Millionen Dollar für Schulbedarf, Essen und medizinische Versorgung ausgegeben. Laut einem Bericht von Amnesty International aus dem Jahr 2016 haben auch andere reiche arabische Länder – Katar, die Vereinigten Arabischen Emirate, Kuwait und Bahrain – keine Geflüchteten aufgenommen.

Die arabischen Länder weisen diese Behauptungen zurück. Die saudische Regierung sagt, sie habe 2,5 Millionen syrische Geflüchtete ins Land gelassen, die aber als Arbeitskräfte klassifiziert wurden und nicht als Geflüchtete, weil Saudi-Arabien die Flüchtlingskonvention der Vereinten Nationen nicht unterzeichnet hat. Nach Angaben des UNHCR werden mindestens 500 000 Syrer_innen in Saudi-Arabien als »arabische Brüder und Schwestern in Not« geführt. Im September 2016 kündigte die Regierung der Vereinigten Arabischen Emirate an, im Lauf der nächsten fünf Jahre 15 000 Geflüchtete aus Syrien aufzunehmen; im selben Monat teilte der Emir von Kuwait mit, Kuwait habe 130 000 syrische Geflüchtete aufgenommen, was ungefähr 10 Prozent der Gesamtbevölkerung Kuwaits entspricht. In gewissem Umfang scheinen die Grundsätze des Islam somit durchaus die Grenzkontrollpolitik in der Region zu beeinflussen. Ein Kommentator aus den Golfstaaten wies die europäische Kritik am unzureichenden humanitären Engagement der Region zurück: »Die europäischen und amerikanischen Politiker_innen, die Krokodilstränen über die Not der syrischen Geflüchteten vergießen, verdienen selbst Kritik [...]. [Sie sollten sich] ihrer kurzsichtigen Politik [bewusst werden] und mehr Menschen aus Syrien aufnehmen.«[23]

Mehrere große nicht semitische Religionen behandeln ebenfalls die Pflichten gegenüber Fremden. Der in China weit verbreitete Daoismus kennt Gastfreundschaft und Gleichgewicht als Tugenden, denn das Dao ist die Mutter des Kosmos und damit aller Menschen und Dinge. Aber aus dem Gleichgewicht wird auch »Mäßigung« abgeleitet als Begründung für eingeschränkte und nicht unbegrenzte Gastfreundschaft. Man könnte sogar sagen, China habe das Gebot der Mäßigung auf die Spitze getrieben, weil es der humanitären Tragödie in Syrien tatenlos zugesehen hat. Bis Ende August 2015, in einem Jahr,

23 Hubbard, Wealthy Gulf Nations Are Criticized for Tepid Response to Syrian Refugee Crisis.

in dem knapp 1 Million Syrer_innen aus dem Land geflohen waren und insgesamt fast 5 Millionen ihre Heimat hatten verlassen müssen, hatte China, die zweitgrößte Volkswirtschaft der Welt, gerade einmal 9 Geflüchtete und 26 syrische Asylsuchende aufgenommen.[24]

Im Buddhismus sind Empathie, Mitleid und Großzügigkeit wichtige Ideale, und vor dem Hintergrund des Kreislaufs der Wiedergeburt glauben Buddhist_innen, dass die meisten Menschen in einem Leben Geflüchtete gewesen sind. Doch sie erkennen auch an, dass Ideale nur selten ganz verwirklicht werden. Die Politik – und damit auch die Flüchtlingspolitik – sieht der Buddhismus nicht direkt als seine Verantwortung an, aber das bedeutet nicht, dass buddhistische religiöse Überzeugungen für diesen Bereich keine Rolle spielen. Allerdings müssen die Menschen erst angemessen über die herausragende Bedeutung von Empathie nachdenken und sie sich bewusst machen, bevor sie sich auf Politik einlassen. Dieses Gebot hat Thailand anscheinend nicht beachtet, ein frommes buddhistisches Land, das für seinen harschen, geradezu unmenschlichen Umgang mit burmesischen Rohingya berüchtigt ist, die vor Verfolgung aus dem benachbarten Myanmar geflohen sind, und mit anderen Geflüchteten auf seinem Staatsgebiet. 2015 wurden rund 100 asylsuchende Uigur_innen, Angehörige einer verfolgten Minderheit in China, erst monatelang in Thailand festgesetzt und dann zwangsweise nach China zurückgebracht, wo sie ein schlimmes Schicksal erwartet.

Mehrere ethische Traditionen in Afrika befassen sich ebenfalls mit Fragen der Gastfreundschaft. Ubuntu, eine

24 Pan, Why China Isn't Hosting Syrian Refugees.

humanistische Lebensphilosophie aus dem südlichen Afrika, stellt das Wohl der Gemeinschaft über das Eigeninteresse – die Anhänger_innen sagen, dass das Konzept einer moralischen und spirituellen Notwendigkeit, im Interesse von anderen zu handeln, eine zentrale Rolle beim Umgang mit »Außenstehenden« spiele. Doch Südafrikas rigorose Ausgrenzung von Geflüchteten in jüngster Zeit sowie das brutale Vorgehen gegen geflüchtete Menschen aus Simbabwe, das zusammen mit summarischen Abschiebungen im Frühjahr 2015 international Aufsehen erregte, lassen es fraglich erscheinen, ob das Land dieser Philosophie noch folgt. Eine in Afrika ebenfalls weit verbreitete ethische Tradition ist Ujamaa, ein Konzept der »erweiterten Familie«. An diesem Konzept orientierte sich Tansania beim Umgang mit Migrant_innen und Geflüchteten in der Blütezeit der panafrikanischen Idee unter seiner ersten visionären Regierung nach dem Ende der Kolonialherrschaft; Geflüchtete und Asylsuchende galten als »ansässige Gäste« und waren willkommen. Heute ist diese großzügige Gesinnung nicht mehr so deutlich, und Tansania rückt das nationale Eigeninteresse und die Verteilung von Kosten in den Vordergrund, wie das überall auf dem traditionell gastfreundlichen afrikanischen Kontinent geschieht.

Obwohl Gastfreundschaft gegenüber Fremden in allen religiösen Denkschulen einen hohen Stellenwert hat, kollidieren klare religiöse Gebote mit der Praxis staatlicher Souveränität und der Verfolgung des persönlichen und nationalen Eigeninteresses. Während einige erklärtermaßen religiöse Staaten wie Pakistan, der Iran und die Türkei Fremden großzügige Gastfreundschaft entgegenbringen, gilt das für andere, darunter Ungarn, Thailand, die

Vereinigten Staaten und die Golfstaaten, nicht, manchmal bieten sie sogar ein schlimmeres Bild als säkulare Staaten wie Kanada. Religiöse Überzeugungen sind eine starke Grundlage für Pflichten gegenüber Fremden, doch sie müssen politisches Gewicht erlangen, damit sie tatsächlich dazu beitragen, die Not und Verzweiflung von Geflüchteten zu lindern.

Atheistische Ethiker_innen ringen ebenfalls mit der Spannung zwischen öffentlichem oder privatem Eigeninteresse einerseits und unseren Pflichten anderen gegenüber andererseits. Stärken ihre Argumente die Grundlage unserer Verpflichtungen gegenüber Fremden?

Die Kräfte von Vernunft und Gefühl: Philosophische Herangehensweisen an die Ethik der Gastfreundschaft

In den 1980er Jahren, zu einer Zeit, als Verzweiflungsmigration weltweit nicht so viel Aufsehen erregte wie heute, stellte der Philosoph Henry Shue Folgendes fest: »Die Welt ist voller Ausländer_innen. Die meisten sind Fremde für mich, und ich habe allen Grund zu zweifeln, dass sie jemals einen Gedanken auf mich verwendet haben. Gibt es einen Grund, warum ich einen Gedanken auf sie verwenden sollte?«[25] Obwohl diese Frage nicht direkt mit Migration und Grenzkontrolle zu tun hat, sondern es dabei um die allgemeine Verpflichtung geht, sich um Menschen in Not zu kümmern, sind seine Überlegungen und die Analogien, die er zur Beantwortung seiner Frage heranzieht, auch relevant für die Abwägung, was wir Fremden schulden.

25 Shue, Mediating Duties.

Shue schreibt: »Ein beinahe unwiderstehlich natürlich wirkendes Bild dominiert das Nachdenken über Pflichten. Wir sehen unsere Pflichten oft aus der Perspektive eines Kieselsteins, der in einen Teich fällt: Ich bin der Kieselstein, und die Welt ist der Teich, in den ich geworfen wurde. Ich bin der Mittelpunkt eines Systems konzentrischer Kreise, die immer schwächer werden, je weiter sie sich ausbreiten [...]. Mit meinen Pflichten verhält es sich genau wie mit den konzentrischen Wellen rund um den Kieselstein: Am stärksten sind sie in der Mitte, und zum Rand hin nehmen sie rasch ab. Meine wichtigsten Pflichten sind die gegenüber denen in meiner unmittelbaren Nähe [...], eindeutig werden die Pflichten gegenüber den Menschen am fernen Rand schwächer bis zur Nichtexistenz, und da jeder gewöhnlichen Person nur begrenzte Ressourcen zur Verfügung stehen, werden ihre tatsächlichen Pflichten kaum über den zweiten oder dritten Kreis hinausreichen.«

Shue hat recht. Es erscheint »geradezu unwiderstehlich natürlich«, davon auszugehen, dass die Pflichten einer Person gegenüber den ihr nahestehenden Menschen am stärksten sind – gegenüber der Kernfamilie, dem besten Freund oder der besten Freundin, den langjährigen Nachbar_innen. Aber werden unsere Pflichten wie die konzentrischen Wellen, die von dem Kieselstein ausgehen, immer schwächer, je weiter wir uns von dem entfernen, was uns am nächsten ist? Sind wir, wenn wir im Vereinigten Königreich oder in Deutschland leben, gegenüber Fremden in Europa zu mehr Gastfreundschaft und materieller Unterstützung verpflichtet als gegenüber Fremden in Syrien oder Afghanistan oder dem Südsudan? Viele werden das bejahen. Die EU und andere regionale Organisationen wie Mercosur (in Lateinamerika) oder Ecowas (in Westafrika) beruhen auf diesem Grundsatz der Solidarität in der Nähe.

Shue widerspricht dem. Er sieht keinen Grund, warum die Verpflichtungen gegenüber nahen Fremden größer sein sollten als gegenüber fernen. Pflichten, so sagt er, nähmen nicht proportional zur Entfernung ab. Statt der konzentrischen Wellen schlägt er ein anderes Bild vor: ein unregelmäßiges Spinnennetz mit kürzeren und längeren Fäden. Kürzere Fäden enden rasch, aber die Berührung eines langen Fadens kann sich noch an der entferntesten Stelle im Netz auswirken. Mit einem Telefonanruf oder einer Geldüberweisung, der Vergabe eines Visums oder einer medizinischen Beratung per Skype können wir einem Fremden in Not an einem weit entfernten Ort helfen.

Aber, so Shue weiter, weil die Reichweite dieser Wirkung für Einzelpersonen potenziell überwältigend, sogar lähmend ist, haben wir unsere Pflichten an Institutionen delegiert: an den Staat, an Oxfam, Save the Children, die UN, die Weltbank. Diese Institutionen decken die Fäden für uns ab. Wenn es einen langen Faden gibt, der eine Fremde oder einen Fremden in Not mit uns verbindet, müssen wir durch unser politisches Handeln sicherstellen, dass die institutionell Zuständigen entsprechend ihren Verpflichtungen tätig werden und an unserer Stelle unsere moralischen Pflichten erfüllen. Nach dieser Sicht hängt die Intensität unserer moralischen Verpflichtungen gegenüber Fremden nicht von ihrer physischen Nähe zu uns ab, entscheidend ist vielmehr, dass wir in der Lage sind, zu ihrem Wohlergehen beizutragen. Das ist eine stringente und nach meinem Dafürhalten überzeugende

Argumentation: Unsere gemeinsame menschliche Natur erfordert zumindest, dass wir Fremden in einem Maß helfen, das uns nicht überfordert. Für reiche Gesellschaften wie die unsere liegt die Schwelle damit niedrig.

Doch wir müssen die Instrumente, um die nötige institutionelle Verantwortlichkeit sicherzustellen, prüfen: Wie delegieren wir die Aufgabe, die Gastfreundschaft zu erweisen, zu der wir uns moralisch verpflichtet sehen? Ein dichtes Netz zivilgesellschaftlicher Organisationen, herkömmlicher und neuer sozialer Medien, dazu Verfahren zur systematischen Überwachung des Geleisteten können ein wichtiger Ausgangspunkt sein, um in Echtzeit zu kontrollieren, was Institutionen leisten. Wir sind als Staatsbürger_innen und als Gemeinwesen verpflichtet, in solche Instrumente zu investieren, um sicherzustellen, dass institutionelle Akteur_innen die Politik ausführen, mit der wir sie betraut haben.

Wenn wir hinreichend staatsbürgerliche Energie und kollektives politisches Engagement investieren, können wir Strategien entwickeln, um zu kontrollieren, inwieweit Verzweiflungsmigrant_innen Zugang zu grundlegendem sozialem Schutz finden einschließlich angemessener Ernährung und physischer Sicherheit, zu angemessener Schulbildung und kompetenter Gesundheitsfürsorge. Wir können uns auch ein Bild verschaffen, inwieweit Verzweiflungsmigrant_innen Zugang zu kompetenter rechtlicher Vertretung haben; wir können Zahlen zur Aufnahme von Migrant_innen mit den Quoten vergleichen, die versprochen wurden; wir können uns die Zahlen dazu anschauen, wie oft Asyl gewährt wurde oder wie viel internationale Forschung oder Infrastrukturprojekte finanziert wurden, um zu beurteilen, inwieweit die Institutionen unsere Verpflichtungen gegenüber Fremden in Not erfüllen.

Wie zwingend sind die Pflichten, die sich nach Shues Bild aus den »langen Fäden« ergeben? Manche haben die Frage damit beantwortet, dass sie unsere Pflichten gegenüber Fremden enger definieren als Shue – und das Thema damit von dem eher elastischen Umfang unserer potenziellen Wirkung zur Notwendigkeit einer Mitgliedschaft in einer konkreten Gemeinschaft verschieben. Die wichtigsten Determinanten unserer Verpflichtungen gegenüber Fremden sind dann, mit wenigen Ausnahmen, die Ansichten der Menschen, die zu einer Wertegemeinschaft gehören. Der einflussreiche Politiktheoretiker Michael Walzer hat argumentiert, das wichtigste Gut, das wir zu vergeben haben, sei die Mitgliedschaft in unserem Kollektiv, unserem Land, einer festen Gruppe mit gemeinsamen Wertvorstellungen und Lebensweisen (wie immer sie aussehen mögen). Als Angehörige dieser Gruppe sind wir berechtigt, sie zu schützen, indem wir sie nach unseren Vorstellungen formen, auch durch Regelungen hinsichtlich der Aufnahme von Fremden. Wir entscheiden über die Aufnahme auf der Grundlage unseres gemeinsamen Verständnisses, was gerecht ist, und das ist wiederum ein historisches Produkt der Diskussion und kollektiven Übereinkunft in unserer Gruppe. Walzer stellt eine Analogie her, die zum Nachdenken anregt: »Wohlhabende und freie Länder werden, genau wie Elite-Universitäten, von Bewerbern geradezu bestürmt. Welchen Umfang und Charakter sie, diese Länder, behalten oder annehmen, ist allein ihre eigene Entscheidung. [...] [W]ir als Bürger eines solchen Landes [haben] folgende Fragen zu beantworten: Wem gewähren wir Aufnahme? Soll unser Land […] jedem offenstehen?«[26]

Aber Eliteuniversitäten sind keine demokratischen Gemeinwesen, und Zulassungskriterien für die Universität sind institutionelle Entscheidungen, die keiner öffentlichen Überprüfung oder Revision unterliegen. Wohlhabende und freie Länder hingegen werden durch Protest und öffentliche Diskussionen über die Zulassungskriterien zerrissen, teils weil die Gemeinwesen selbst immer vielfältiger sind. Infolgedessen sind gemeinsame moralische Vorstellungen als Grundlage, um über die Mitgliedschaft zu entscheiden, praktisch unerreichbar. Im Umgang mit diesem Problem haben manche Denker_innen Vernunftprinzipien für die Abgrenzung unserer Pflichten gegenüber anderen herangezogen.

Immanuel Kant zufolge ist Gastfreundschaft ein Recht, das allen Menschen zusteht, weil sie alle Angehörige einer Weltrepublik, einer »Kosmopolis« sind, in der sie miteinander in Kontakt kommen, zum Beispiel an den Grenzen von Staaten. Sie haben das Recht auf Aufnahme »vermöge des Rechts des gemeinschaftlichen Besitzes der Oberfläche der Erde, auf der, als Kugelfläche, sie sich nicht ins Unendliche zerstreuen können, sondern endlich sich doch nebeneinander dulden müssen«[27]. Nach Kants Darstellung ist das Recht auf Aufnahme nicht kulturell oder historisch definiert, sondern vielmehr eine universelle Verpflichtung, die sich aus unserer gemeinsamen menschlichen Natur ergibt.

26 Walzer, Sphären der Gerechtigkeit, S. 66.

27 Kant, Zum ewigen Frieden, Dritter Definitivartikel, S. 214.

Manche haben Kants Begriff des gemeinsamen Menschentums als Begründung herangezogen, warum Privilegien aufgrund des Geburtsorts moralisch irrelevant seien, und zur Rechtfertigung einer ethischen Verpflichtung, eine großzügige Immigrationspolitik zu verfolgen. Der kanadische Politikwissenschaftler Joseph Carens argumentiert, freie Binnenmigration unterscheide sich ethisch nicht von zwischenstaatlicher Freizügigkeit, beides sei ein instrumentelles, intrinsisches Gut: »Die radikale Trennung, die Freizügigkeit innerhalb eines Staates als ein Menschenrecht behandelt, während sie Staaten gleichzeitig erlaubt, die grenzüberschreitende Freizügigkeit nach eigenem Ermessen zu kontrollieren, ergibt moralisch keinen Sinn.«[28] Für Carens dienen Staatsgrenzen lediglich dem Schutz von Privilegien und sind weder natürlich noch unerlässlich. Für ihn folgt daraus, dass eine Immigrationspolitik, die menschliches Leid verursacht oder verlängert, eine überzeugende rationale Rechtfertigung braucht: Erfordernisse der nationalen Sicherheit könnten eine solche Rechtfertigung sein. Eine gerechte Weltpolitik müsse die zwischenstaatliche Ungleichheit reduzieren, sodass Migration als Strategie zur Erfüllung menschlicher Grundbedürfnisse an Bedeutung verlieren werde; dieses Argument teile ich, und ich komme in Kapitel 4 darauf zurück.

Bisher habe ich Untersuchungen dazu betrachtet, welche Pflichten hinsichtlich Gastfreundschaft und Solidarität sich aus religiösen Glaubenssystemen oder rationalen Überlegungen ableiten lassen – unser gemeinsames Menschentum (Kant), unsere Fähigkeit, Wandel zu be-

28 Carens, Ein Plädoyer für offene Grenzen, S. 184.

einflussen (Shue), und unsere kollektive Übereinkunft zur Eingrenzung der Zugehörigkeit (Walzer). All diese ethischen Argumentationslinien haben eine Rolle dabei gespielt, welchen Schutz die Zugehörigkeit zu einem Staat und internationale Normen gewähren. Doch wie der Fall Kurdi zeigte, kann ein starkes Bild eines vollkommen fremden Menschen eine intensive emotionale Reaktion auslösen, die innerhalb von Tagen die Politik verändert. Solche manipulativen Bilder haben eine ungebührliche, manche würden sogar sagen pornografische Seite, weil sie (ohne Erlaubnis des oder der Betroffenen) das massive Leiden eines verwundbaren Menschen ausbeuten, um reflexhafte, kurzfristige Wohltätigkeit auszulösen, anstatt ein nachhaltigeres Engagement für tiefer reichende politische Probleme zu fördern. Andererseits geben solche humanitären Narrative den Anstoß, um den politischen Status quo zu durchbrechen: »Handeln, das etwas verbessert, scheint möglich, wirkungsvoll und darum moralisch geboten.«[29]

Unser Pflichtgefühl ist ein synkretistisches Produkt religiöser Traditionen, rationaler Reflexion und des Gefühls – des Gefühls, das uns, wie der französische Sozialwissenschaftler Didier Fassin anmerkt, instinktiv mit der Lage von »anderen« verbindet, auch wenn sie weit entfernt sind. Diese instinktive Verbindung mag eine Folge unseres gemeinsamen Erbes sein oder unserer Kommunikationsmittel, die uns immer enger zusammenbringen. Der israelische Rechtswissenschaftler Itamar Mann be-

29 Lacqueur, Bodies, Details and the Humanitarian Narrative, S. 178. Ich danke Seth Koven, dass er mich auf diesen Artikel hingewiesen hat.

zeichnet das Ergebnis dieses Identifikationsprozesses als »Begegnungsrechte«: Rechte, die aus der Begegnung entstehen. Er argumentiert, wenn wir uns in einer Situation befänden, in der wir (wie direkt oder indirekt auch immer) für das Leben oder den Tod eines anderen Menschen verantwortlich seien, hörten wir »einen Befehl des Gewissens, der durch menschliche Hilflosigkeit ausgelöst wird«[30]. Vernunft und Gefühl verbinden sich und erzeugen individuell und kollektiv in uns den Eindruck eines Imperativs: zu handeln, zu retten, zu helfen, zu teilen. Der Fall Kurdi illustriert, was Fassin und Mann sagen.

Unser gemeinsames Menschentum

Im gegenwärtigen politischen Kontext ist nur zu offensichtlich, dass nicht alle Einzelpersonen und Gruppen, die mit der Verzweiflung von anderen konfrontiert sind, einen humanitären Imperativ verspüren. Misstrauen, Furcht und das ängstliche Festhalten an überkommenen Gepflogenheiten erzeugen machtvollen Widerstand gegen den umfassenden Einsatz für die Bedürfnisse anderer Menschen, einschließlich des Plädoyers für Grenzschließungen und der Ablehnung von humanitärer Hilfe.

Die berühmte politische Philosophin Hannah Arendt hat mit Blick auf den Holocaust und seine Folgen für Millionen vertriebene und staatenlos gewordene Menschen in Europa Mitte des 20. Jahrhunderts nachdrücklich darauf hingewiesen, wie schrecklich verletzlich Menschen sind, die internationalen Schutz in Anspruch nehmen müssen. Ohne die Unterstützung durch einen Staat seien Menschen in einen Naturzustand zurückgeworfen.

30 Mann, Humanity at Sea, S. 12.

Wie König Lear müssten sie ohne Königreich und Familie orientierungslos durch den Sturm wandern. Die Schutzvorkehrungen, die wir in den 50 Jahren geschaffen haben, seit Hannah Arendt diese Gedanken formulierte, haben nach und nach ihre Wirksamkeit eingebüßt. Der enorme Verlust von Menschenleben im Mittelmeer in den letzten Jahren, die Verzweiflung syrischer, afghanischer und inzwischen einer neuen Generation südsudanesischer Geflüchteter, dazu die enorme Zahl von Menschen, die über lange Zeit in Flüchtlingslagern ausharren müssen, zeigen, wie ineffizient unsere Verpflichtungen gegenüber Fremden in Not in der Praxis umgesetzt werden.

Die Imperative, die sich aus unserem gemeinsamen Menschentum ergeben, werden bestehen bleiben. Weil wir nicht nur die Oberfläche der Erde teilen, sondern viele gemeinsame, tief verwobene Interessen haben und letztlich voneinander abhängig sind, müssen unsere Pflichten gegenüber Fremden weitreichend, klar und nachhaltig sein. Im nächsten Kapitel untersuchen wir, ob unsere gegenwärtigen rechtlichen Regelungen diese hochgespannten Ziele erfüllen.

III Das System droht zu zerbrechen

Seit einiger Zeit erklären bekannte Persönlichkeiten, die gegensätzliche Positionen im politischen Spektrum einnehmen, unsere Systeme für die Bewältigung der Migrationsströme seien unrettbar kaputt. Für Präsident Obama war es offensichtlich: »Heute ist unser Einwanderungssystem kaputt – und alle wissen es.«[31] Der Rechtspopulist Geert Wilders aus den Niederlanden vertrat die gleiche Auffassung: »Gehen Sie einmal die Straße hinunter und schauen sich um. Sie haben nicht mehr den Eindruck, dass Sie in Ihrem Land leben […]. Ein Land ohne eine Grenze ist so, als würde ein Mensch in einem Haus ohne Haustür leben. Jeder kann hereinkommen, und Sie können niemanden wieder wegschicken. Damit ist es kein richtiges Land mehr.«[32] Kritiker_innen verweisen auf eine Reihe problematischer Symptome, und ineffiziente Grenzkontrollen gelten als das Wichtigste. Aber die dramatischen Verluste von Menschenleben und die schlimmen Lebensbedingungen von Geflüchteten und anderen Verzweiflungsmigrant_innen sind ebenfalls Symptome eines Systems, das nicht mehr funktioniert.

Das Versagen unserer Systeme beim Umgang mit Geflüchteten und Migrant_innen beschäftigt nicht nur Politiker_innen, sondern auch Künstler_innen. Neben den Nachrichtenmedien befasst sich eine florierende Kultur-

31 Obama, Remarks by the President in Address to the Nation on Immigration.

32 Oliphant, Now for Nexit. Geert Wilders Says First Job as PM will be to Call EU Referendum.

industrie mit den Problemen bei der Überwindung von Grenzen und ihren humanitären Folgen. Bei der Oscar-Verleihung 2017 waren zwei Dokumentarfilme über die Flüchtlingskrise nominiert: »Seefeuer« und »4.1 Miles«. »Exit West«, ein hochgelobter Roman von Mohsin Hamid, Autor von »Der Fundamentalist, der keiner sein wollte«, erzählt die Liebesgeschichte zweier Geflüchteter und stand wochenlang auf den Bestsellerlisten. Mehrere Musikhits und hochkarätige Ausstellungen widmeten sich ebenfalls dem Thema Flucht und Migration. Ein intensives kollektives Gefühl des Unbehagens und der Ohnmacht angesichts der zunehmenden Fremdenfeindlichkeit und der Verzweiflung von Migrant_innen findet mittlerweile auch Eingang in die Wochenendbeilagen von Hochglanzmagazinen. Aber ist jenseits von Unbehagen und Verzweiflung auch Platz für andere Sichtweisen? Und gibt es einen Weg, das Problem zu lösen?

Mobilität und Immobilität: Eine humanitäre Krise, keine Migrationskrise

Da anscheinend Einigkeit herrscht, dass Unheil droht, mag es überraschend klingen zu hören, dass Millionen Menschen heute der Grenzübertritt rascher und problemloser gelingt als je zuvor. Nach Angaben der UN-Weltorganisation für Tourismus gab es im Jahr 2016 über 1000 Millionen Tourist_innen weltweit, 3,9 Prozent mehr als 2015. Allein 390 Millionen Menschen reisten 2016 in die Vereinigten Staaten ein, 620 Millionen Tourist_innen aus aller Welt besuchten die Europäische Union und mehr als 40 Millionen Australien. Im selben Jahr wurden über 15 Millionen Schengen-Visa für Reisende ausgestellt, die nicht visafrei in die Europäische Union einreisen durften. Nicht nur bei den Kurzreisenden, auch bei anderen Formen der Mobilität sind die Zahlen hoch. Zum Beispiel hielten sich im Studienjahr 2015/2016 über 1 Million ausländische Studierende in den Vereinigten Staaten auf, und Australien erteilte im selben Zeitraum über 200 000 Arbeitsvisa.

Dieser Aspekt der weltweiten Wanderungsbewegungen ist für uns selbstverständlich. Wir sprechen davon, dass das System in der Krise steckt, und übersehen dabei, dass tatsächlich ein großer Teil des Systems reibungslos funktioniert. Die meisten Reisenden bekommen von den Funktionsstörungen nichts mit – sie bewegen sich sicher, legal und regelmäßig. Die Grenzen dieser Art von Mobilität werden in erster Linie, wenngleich unterschiedlich, von den Staaten definiert, obwohl auch Menschenrechte und regionale Verpflichtungen eine Rolle bei der Festsetzung von Regeln spielen, wer ausgeschlossen wird. Staaten ändern ihre Gesetze und balancieren die Erleichterung von Mobilität und den Schutz ihrer heimischen Errungenschaften immer wieder neu aus, um, wie John Maynard Keynes 1933 geschrieben hat, ihre »eigenen Lieblingsexperimente zur Formung der idealen und sozialen Republik der Zukunft durchführen zu können«[33]. Der abrupte Kurswechsel von 2016 in der schwedischen Migrationspolitik, einem Land, das bis dahin bei der Aufnahme von Geflüchteten besonders großzügig gewesen war, illustriert diese Form der Neujustierung. Obwohl sich Schweden seit Langem für die Familienzusammenführung von Geflüchteten eingesetzt hatte, entschied die schwedische Regierung angesichts des starken Anstiegs

33 Keynes, Nationale Selbstgenügsamkeit, S. 158.

der Zahlen in den zurückliegenden 18 Monaten von einem Tag auf den anderen, den weiteren Familiennachzug auszusetzen.

Das gegenwärtige System arbeitet zwar reibungslos für manche Migrant_innen und Geflüchteten, aber das gilt nicht generell. Vor allem stehen vielen, die verzweifelt Möglichkeiten zur Migration bräuchten, keine legalen und sicheren Wege zu Mobilität offen. In der Folge haben wir weniger eine Migrationskrise als eine humanitäre Krise oder Krise der Aufnahme. Das Migrationssystem funktioniert nicht, weil es keine legale, sichere Möglichkeit eröffnet, aus quälenden, oft unhaltbaren Umständen herauszukommen: lebensbedrohlichen Konflikten, unendlichem wirtschaftlichen Elend, verheerendem Klimawandel, vollkommener Aussichtslosigkeit, anhaltender Bedrohung durch Gewalt. Die Menschen, denen die Einreise verwehrt wird oder die nach der Einreise abgeschoben werden, sind üblicherweise Opfer eines Systems der radikalen globalen Ungleichheit, die am schlimmsten arme, nicht weiße Bevölkerungsgruppen trifft. Diese ungleiche Betroffenheit hat sehr schlimme humanitäre Folgen gezeitigt, eine Folge ist die enorme Verzweiflungsmigration, die wir erleben.

Mehrere Aspekte dieses schwerwiegenden Systemversagens sollten festgehalten werden. Zum einen ist da der zeitliche Aspekt: Millionen bleiben lange in angeblichen »vorübergehenden« Situationen – im Durchschnitt leben Geflüchtete heute zehn Jahre in einem Flüchtlingslager, das ist eine flammende Anklage gegen den Versuch, mit Lagern Schutz zu gewähren, und eine Anklage gegen die humanitäre Hilfe allgemein. In manchen Bevölkerungsgruppen, darunter Palästinenser_innen, Somalier_innen und Rohingya, kämpft mittlerweile die dritte Generation um eine mühselige Existenz mit dem Lebensnotwendigsten in Lagern, »Zonen der Ausgrenzung« jenseits des normalen sozialen Austausches.

Ein anderes Symptom des Systemversagens ist die Ungleichheit bei der Aufnahme von Geflüchteten. Über 86 Prozent leben in Entwicklungsländern, viele sitzen verlassen in einigen der ärmsten Länder fest, oft in unwirtlichen – trockenen und isolierten – Gebieten, wo es unmöglich ist, dass die Menschen für sich selbst sorgen und sich ein produktives, erfüllendes Leben aufbauen können.

Vielleicht am schlimmsten von all dem ist der wachsende Eindruck, dass es für Millionen Verzweiflungsmigrant_innen keinen legalen, sicheren Weg aus diesem System heraus gibt, weil sie die Kriterien nicht erfüllen, um als Flüchtlinge anerkannt zu werden oder über eine andere legale Kategorie einreisen können. Ihnen bleibt dann nur die Wahl, weiter in einer unerträglichen Situation auszuharren oder die gefährliche, womöglich lebensbedrohliche, von Hoffnung getriebene Reise in eine ungewisse Zukunft anzutreten, belastet durch einen irregulären Migrationsstatus und mit dem ständigen Risiko, abgeschoben oder ausgebeutet zu werden.

Diese drei großen Probleme und Möglichkeiten, sie anzugehen, werden detaillierter in Kapitel 4 erörtert.

Verzweiflungsmigration

Die Elemente der Migrationsströme, die den Eindruck einer Krise vermitteln, bezeichne ich als »Verzweiflungsmigration«. Sie erzeugt ein Krisengefühl, weil sie weitgehend unkontrolliert von den Staaten abläuft und in erheblichem Umfang nicht legal ist. Ihre Ursachen sind Aussichtslosigkeit, Verletzlichkeit und Not, als unerträglich oder zutiefst unbefriedigend empfundene Lebensumstände, die ein vernünftiges oder wenigstens auszuhaltendes Leben massiv behindern. Bei dieser Migration befinden sich die Betroffenen womöglich noch Jahre nach der Entscheidung, ihre Heimat zu verlassen, in einem irregulären Status, ohne Ausweispapiere und Arbeitserlaubnis, ohne die Möglichkeit zum Schulbesuch und ohne zuverlässige medizinische Versorgung.

In meiner Sicht umfasst Verzweiflungsmigration mehrere andere Begriffe, die üblicherweise für »erzwungene Migration« verwendet werden, wie Flucht vor Verfolgung und Überlebensmigration, reicht aber darüber hinaus. Flucht vor Verfolgung bedeutet, dass Menschen ihr Land verlassen müssen, weil sie wegen ihrer staatsbürgerlichen oder politischen Situation Repressionen fürchten – wegen ihrer Religion, ihrer ethnischen Zugehörigkeit, ihrer politischen Überzeugung oder ihrer Nationalität beispielsweise. Nicht in diese Kategorie fallen Menschen, die vor allgemeiner politischer Unsicherheit oder Staatsversagen fliehen. Die internationale Definition des Flüchtlingsstatus ist in der UN-Flüchtlingskonvention formuliert und wurde in die meisten nationalen Rechtsordnungen übernommen.[34] Verzweiflungsmigrant_innen mit Flüchtlingsstatus sind im Vergleich zu anderen in einer deutlich besseren Situation, weil der Flüchtlingsstatus sie davor

34 Flucht ist das erzwungene Verlassen der Heimat, so wie es in Art. 1 A des Abkommens über die Rechtsstellung der Flüchtlinge vom 28. Juli 1951 definiert wird. Die Definition und ihre Reichweite werden weiter unten in diesem Kapitel diskutiert.

schützt, dorthin zurückgeschickt zu werden, woher sie gekommen sind. Syrer_innen, die vor Verfolgung durch das Assad-Regime geflohen sind, haben gute Chancen, in dem Land, in dem sie nach ihrer Flucht zuerst einen Asylantrag (gleichbedeutend mit dem Flüchtlingsstatus) gestellt haben, als Flüchtlinge anerkannt zu werden. Hingegen haben Menschen aus Libyen, Somalia, Afghanistan, Honduras oder Pakistan, die wegen politischer Instabilität oder Staatsversagen ihre Heimat verlassen, wenig Aussicht, als Flüchtlinge anerkannt zu werden und ein Bleiberecht zu erhalten. Der unterschiedliche Schutz erklärt, warum syrische Pässe bei Migrationswilligen zu einem begehrten Gut geworden sind und Ende 2016 zum Dreißigfachen dessen gehandelt wurden, was sie zwei Jahre zuvor gekostet hatten (7000 Dollar gegenüber 250 Dollar). Wenn eine geflüchtete Person aus Libyen sich als Syrer oder Syrerin ausgeben kann, ist es sehr viel wahrscheinlicher, dass sie im Ausland bleiben kann.

Überlebensmigration ist ein etwas breiter gefasstes Konzept, entwickelt hat es der britische Sozialwissenschaftler Alexander Betts. In diese Kategorie fallen Menschen, die ihr Herkunftsland verlassen haben, weil sie sich einer existenziellen Bedrohung ausgesetzt sahen, für die es in der Heimat keine Abhilfe gibt.[35] Die existenzielle Bedrohung kann politischer Natur sein (wie bei Flüchtlingen), aber auch andere Ursachen haben – Klimawandel oder Staatsversagen zum Beispiel. Wenn Überlebensmigration zu rechtlichem Schutz berechtigen würde (was gegenwärtig nicht der Fall ist), wäre die Person aus Libyen

35 Betts, Survival Migration. Failed Governance and the Crisis of Displacement, S. 4f.

in dem oben genannten Beispiel in der gleichen Position wie eine Person aus Syrien. Dann bekämen auch Menschen Schutz, die vor Naturkatastrophen wie verheerenden Stürmen oder Erdbeben geflohen sind.

Weder der Flüchtlingsstatus noch der Begriff Überlebensmigration, wie er gerade definiert wurde, deckt die Umstände von Millionen Menschen ab, die wegen chronischer Not und Hoffnungslosigkeit aus ihrer Heimat weggehen. Diese Verzweiflungsmigrant_innen haben den Eindruck, dass Mobilität der einzige Ausweg aus einem Leben in unendlichem Mangel, Leiden und Chancenlosigkeit darstellt. Sie könnten zu Hause überleben, sind nicht Verfolgung oder existenziellen Bedrohungen ausgesetzt, aber ihnen bleiben fundamentale Rechte im Leben vorenthalten wie auch die Hoffnung auf die Erfüllung grundlegender Wünsche. Nach meinem Dafürhalten sollte diesen Migrant_innen das Recht auf Mobilität als ein Akt fundamentaler Gerechtigkeit zugesprochen werden, als eine Strategie (neben anderen), die weltweite Ungerechtigkeit zu verringern. Der Begriff »Verzweiflungsmigration« umfasst den jungen Menschen aus Afrika, dem ein Leben in Arbeitslosigkeit und Armut bevorsteht und der sich Bildung als Weg zu einer guten Arbeit wünscht; er umfasst die Frau aus Mittelamerika, die unbedingt ihre kleinen Kinder aus einer Wohngegend wegbringen will, in der Banden ihr Unwesen treiben, bevor die Kinder als Bandenmitglieder rekrutiert oder getötet werden; er umfasst den Jugendlichen aus Afghanistan, der losgeschickt wird, um die Mittel für die Unterstützung seiner verwitweten Mutter und seiner jüngeren Geschwister zu beschaffen, und der in ein von Krieg verheertes Land zurückkehren muss; und er umfasst junge Leute aus Marokko, Eritrea, Pakistan und Kolumbien, die auf der Suche nach einer Zukunft aus ausweglosen Situationen ausbrechen. Im Hinblick auf all diese Menschen ist der Begriff Verzweiflungsmigration eine notwendige Ergänzung unseres Vokabulars.

Um die Frage anzugehen, wie wir die Flüchtlings- und Migrationskrise lösen können, müssen wir die grundlegenden Bausteine des weltweiten Systems der Grenzkontrollen verstehen. Dann können wir die Quellen der wichtigsten Probleme und mögliche Lösungen identifizieren.

Grenzen überwinden: Die Bausteine der modernen weltweiten Mobilität und der Zuwanderungskontrolle

Wie wir in Kapitel 1 gesehen haben, steht jede Gruppe und jede Generation vor der Frage, ob sie weggehen und, wenn ja, wer von ihren Mitgliedern dafür ausgewählt werden soll. Diese Zwangslage beschäftigt uns hier jedoch nicht. Das Problem ist die Kontrolle der Migration durch die Staaten in einer Weise, sodass manche mühelos Grenzen überwinden können, aber für andere unüberwindliche Hindernisse aufgerichtet werden.

Bis Ende des 19. Jahrhunderts waren Einschränkungen der Bewegungsfreiheit weitgehend das Werk privater Akteur_innen wie Feudalherrn und Sklavenbesitzer_innen, und sie zielten mehr auf Mitbewohner_innen ihrer Ländereien als auf Außenstehende. Kein Staat erließ Gesetze zur Immigrationskontrolle, um den Zustrom von Menschen zu regulieren, die nicht seine Staatsbürger_innen waren. Wie in Kapitel 1 angemerkt, war der mit Abstand größte Missstand in Sachen Migration nicht der erzwungene Ausschluss oder die Vertreibung vom Territorium eines Staates, sondern der gewaltsame Import versklavter oder zwangsverpflichteter Menschen. Zwischen 1500 und 1875 brachten die Vereinigten Staaten über 300 000 Menschen ins Land, und Großbritannien handelte mit mehr als 3 Millionen Sklav_innen.

Im Lauf des 19. Jahrhunderts nahm die allgemeine Mobilität stark zu, als der Feudalismus dem Wirtschaftsliberalismus wich und die arbeitenden Klassen ihre Ketten abschüttelten. Die Resolution der Internationalen Emigrationskonferenz 1889 fasst die Unterstützung für den freien Verkehr von Menschen und Waren gut in Worte: »Wir bekräftigen das Recht des Individuums, zu kommen und zu gehen und über ihre seine Person und sein Geschick zu bestimmen, wie es ihm gefällt.«[36]

All das änderte sich, als mit dem zunehmenden Nationalismus und der weltweiten Verbreitung der in Kapitel 1 diskutierten Ideen über rassische Überlegenheit, Unterlegenheit und Reinheit die Feindseligkeit gegenüber ausländischen Menschen wuchs, besonders gegenüber jenen, die als »andere« erkennbar waren. Obwohl weltweite Maßnahmen zur Anwerbung qualifizierter Arbeitskräfte ökonomisch sinnvoll waren (selbst heute zahlen in manchen großen Zielländern, einschließlich der Vereinigten Staaten, Immigrant_innen mehr Steuern, als der Staat an Leistungen für sie aufwendet, und Arbeitgeberorganisationen befürworten Immigration ausdrücklich), gewannen nativistische Vorstellungen die Oberhand. Ein halbes Jahrhundert, nachdem erst die Vereinigten Staaten und dann Großbritannien Gesetze zur Kontrolle der Immigration erlassen hatten, die den Zustrom von Menschen

36 Zitiert bei Goodin, If People were Money, S. 13.

aufgrund der ethnischen Zugehörigkeit einschränkten, entschied sich Australien mit der Politik des »weißen Australien« für einen ähnlichen Weg. So sollte verhindert werden, dass das Land »durch eine Flut von Menschen aus den übervölkerten Ländern der Welt überschwemmt« würde. Damit waren natürlich die »sich drängenden Millionen« in Asien gemeint, nicht die Immigrant_innen aus dem übervölkerten Großbritannien.[37] In all diesen Ländern wurde mit den frühen Grenzkontrollmaßnahmen die Saat für spätere restriktive Gesetze gelegt, die nach und nach für immer größere Gruppen Zuwanderungswilliger galten und schließlich für alle, die keine Staatsbürger_innen waren, keinen dauerhaften Aufenthaltsstatus besaßen oder einer anderen sorgfältig definierten Gruppe angehörten, die von Zuwanderungskontrollen ausgenommen war. Bis heute müssen mit Ausnahme einiger Räume, wo Grenzen frei überschritten werden können, wie in Teilen der EU und auf dem Gebiet des Mercosur in Lateinamerika, alle Personen beim legalen Grenzübertritt Ausweise und Dokumente, die zur Einreise berechtigen, vorlegen. Ein wichtiger Baustein unseres heutigen Systems der Migrationskontrolle ist, dass die derartige Überprüfung aller Personen beim Grenzübertritt allgemein akzeptiert wird.

Eine Vorbedingung für die Durchsetzung umfassender Grenzkontrolle ist die Möglichkeit, jeden Menschen, der ins Land kommen möchte, eindeutig zu identifizieren; das stellt somit einen zweiten Baustein dar und setzt wiederum eine effiziente Bürokratie voraus, die in der Lage ist, solche Identitätsüberprüfungen durchzuführen.

37 Zitiert bei Gibney, The Ethics and Politics of Asylum, S. 169 f.

Mit dem Übergang vom Feudalismus, kleinen Fürstentümern und kleinen Stadtstaaten zu großen Nationalstaaten verlagerten sich die Grenzkontrollen von den Stadtgrenzen zu den Staatsgrenzen, wurden aus lokalen Kontrollen nationale Kontrollen. Damit einher ging die Entwicklung tragbarer Hilfsmittel – Ausweispapiere, Pässe –, die es ermöglichten, in kommunalen Registern über Menschen gespeicherte Informationen mitzunehmen. Dank dieser Hilfsmittel konnten die Staaten ihre Bürger_innen eindeutig identifizieren und schließlich zwischen erwünschten und unerwünschten Grenzübertritten unterscheiden. Zusammen sind die beiden Bausteine unseres heutigen Systems des Migrationsmanagements – das Beharren auf der Legitimität von Grenzkontrollen und die Möglichkeit, Menschen an der Grenze durch ihre Staatsangehörigkeit und andere für die Erlaubnis zum Grenzübertritt relevante Merkmale eindeutig zu identifizieren – fundamentale Maßnahmen bei der Kontrolle von Zuwanderung.

Lange Zeit waren die Vereinigten Staaten das bevorzugte Zielland sehr vieler Menschen von überall auf der Welt und deshalb auch ein Vorläufer bei der Anwendung der beschriebenen beiden Bausteine, als sie ihr System der nationalen Einwanderungskontrolle entwickelten. 1856 rückte der amerikanische Kongress von der bis dahin gültigen Regel ab, dass die einzelnen Bundesstaaten Einwanderungsgesetze erließen, und entschied, dass dieses Recht künftig allein der Bundesregierung zustehen solle. Das setzte eine Reihe von Entwicklungen in Gang, ähnlich denen, die mehr als ein Jahrhundert später in Europa stattfanden: Freizügigkeit innerhalb des Staatsgebiets für Bürger_innen unterschiedlicher Bundesstaaten, aber strenge Kontrollen der Außengrenzen.

Von den 1880er bis in die 1910er Jahre zogen die anderen westlichen Länder nach, darunter Deutschland, Frankreich und das Vereinigte Königreich, und erließen ebenfalls strenge Regeln für die Zuwanderungskontrolle, die verlangten, dass Einreisewillige an der Grenze Pässe ihrer jeweiligen Heimatländer vorlegen mussten. Damit war das heutige System des Migrationsmanagements in seinen Grundzügen etabliert. Innerhalb von weniger als einem halben Jahrhundert hatten Misstrauen gegenüber Fremden und die Forderung, dass alle, die legal einreisen wollten – egal, ob dauerhaft oder vorübergehend –, ihre guten Absichten beweisen mussten, die gefeierten Vorzüge der Freizügigkeit abgelöst.

Zuwanderungskontrolle heute

Während die Staatsbürger_innen bei der Einreise in ihr eigenes Land weder ein Visum noch eine besondere Erlaubnis brauchen (ein gültiger Ausweis genügt), müssen alle Nichtstaatsbürger_innen ein entsprechendes Dokument vorlegen, das ihnen vorübergehend oder dauerhaft die Einreise gestattet. Die Reise kann alle möglichen Gründe haben (Arbeit und Studium, Familienzusammenführung und Geschäfte), aber bei der Einreiseerlaubnis zählt nur die Tatsache, dass jemand ins Land kommen möchte. Obwohl jedes Land seine eigenen präzisen Einwanderungskriterien und damit verknüpften Anforderungen an die Einreisewilligen hat, lassen sich grob vier Migrationssituationen unterscheiden, die Nichtstaatsbürger_innen ohne dauerhaften Aufenthaltsstatus betreffen (der Flüchtlingsstatus und andere humanitäre Kategorien sind dabei ausgeklammert): Einreise zum Arbeiten, Einreise zur Familienzusammenführung, Einreise als Besucher_in oder

Einreise zum Studium. Einige Länder, wie beispielsweise die Vereinigten Staaten, kennen auch noch die Einreisemöglichkeit über eine »Diversity-Lotterie«, in Amerika erhält auf diese Weise jährlich eine begrenzte Zahl von Einwanderungswilligen, die anders nicht ins Land gelangen könnten, per Los die Einreiseerlaubnis. Zu diesen skizzierten Kategorien gibt es jeweils noch viele Unterkategorien.

In die Kategorie »Einreise zum Arbeiten« fallen Personen mit einer Arbeitserlaubnis (manchmal, aber nicht immer, dürfen sie Familienangehörige mitbringen und ihr Visum verlängern) sowie Personen mit speziellen Verträgen als Saisonarbeitskräfte oder »Gastarbeiter_innen« (sie dürfen normalerweise keine Familienangehörigen mitbringen und ihre Visa nicht verlängern). Die Kategorie »Einreise zur Familienzusammenführung« betrifft Ehepartner_innen und minderjährige Kinder, die im Heimatland zurückbleiben, wenn ein Familienmitglied auf der Suche nach Arbeit ins Ausland gegangen ist, außerdem alte Eltern, die von einem Kind abhängig sind, das vor Jahrzehnten im Ausland sein Glück gesucht hat, oder Verlobte, die zu ihren Partner_innen reisen wollen. Einreisende Besucher_innen können Tourist_innen sein, Unternehmer_innen, die wirtschaftliche Möglichkeiten erkunden, Verwandte, die den Kontakt mit Familienmitgliedern pflegen, Angehörige von Sportmannschaften oder Gruppen darstellender Künstler_innen.

Auch bei der Zuwanderung gibt es einige übergreifende Unterscheidungen. Manche Zuwanderungswillige kommen mit befristeten Visa, andere wollen sich dauerhaft im Land niederlassen (oft bürgen für sie Familienangehörige, die bereits im betreffenden Land leben), manche profitieren (als Staatsbürger_innen bestimmter Länder) von visafreiem Reiseverkehr, andere müssen vor der Abreise beim Konsulat des Ziellandes ein Visum beantragen. Im letztgenannten Fall findet die Immigrationskontrolle an mehr als einem Ort statt: zuerst im Konsulat im Ausland, dann bei der Ankunft im Land. In manchen Fällen brauchen Reisende unterwegs auch noch ein Transitvisum.

Die Staaten machen die Einreisechancen vom jeweiligen Herkunftsland abhängig und unterscheiden innerhalb dieser Kategorie häufig noch nach dem wirtschaftlichen Status, nach ethnischer Zugehörigkeit, Geschlecht oder Alter. Dass alle beteiligten Stellen – im ausländischen Konsulat, an der Grenze und in Immigrationszentren hinter der Grenze – jeweils eigene Kriterien für die Entscheidung zugrunde legen, kompliziert die Einwanderung in der Praxis. Das hat zur Folge, dass manche Kategorien von Reisenden jedes Mal ungehindert die Kontrollen passieren können, während andere bohrende Fragen und unter Umständen lange feindselige Nachforschungen über sich ergehen lassen müssen, die womöglich damit enden, dass sie festgehalten werden, bis eine Entscheidung gefallen ist, oder dass ihnen der Grenzübertritt verwehrt wird. Generell kann man sagen, dass wohlhabende, gebildete, qualifizierte Bewerber_innen (hauptsächlich kaukasischer Abstammung), insbesondere wenn sie rechtlich vertreten werden, in diesem System wenig Schwierigkeiten haben und legal einreisen können. Zu unterschiedlichen Zeitpunkten in der Geschichte konnten auch Arbeitskräfte ohne oder mit geringer Qualifikation, oft aus ehemaligen Kolonien, ohne Schwierigkeiten einreisen, wenn im jeweiligen Zielland Arbeitskräftemangel herrschte.

Migration außerhalb dieses Systems von Kontrollen ist per Definition irregulär. Menschen, die ins Land kommen, ohne sich an bei einer Einwanderungsstelle zu melden (illegaler Grenzübertritt), Menschen, die mit gefälschten Dokumenten einreisen oder auf der Grundlage falscher Angaben, oder Menschen, die legal einreisen, aber bleiben, nachdem ihre befristete Aufenthaltsgenehmigung abgelaufen ist, gelten alle als irregulär Zugewanderte. Bedauerlicherweise werden sie regelmäßig als »Illegale« oder mit herabsetzenden Begriffen wie »Scheinflüchtlinge« bezeichnet, als sei die Person fehlerhaft und nicht ihr rechtlicher Status. Immer öfter werden irreguläre Migrant_innen als Kriminelle behandelt, wegen Verstößen gegen Immigrationsgesetze angeklagt und inhaftiert, was ihre Verletzlichkeit und ihr Elend noch weiter steigert.

Dokumente, die zur Einreise in ein Land berechtigen – Pässe mit Bild und Visastempel, manchmal außerdem Geburts-, Heirats- oder Adoptionsurkunden, ein Totenschein oder eine ärztliche Bescheinigung, das Schreiben eines Arbeitgebers mit dem Angebot eines Arbeitsvertrags, Zeugnisse, Kontoauszüge, Einladungen von Verwandten – werden zunehmend durch invasivere Identitätsnachweise abgelöst. Dazu gehören DNA-Tests, die erstmals in den 1980er Jahren verwendet wurden, Daten über eine eventuelle kriminelle Vorgeschichte oder Migrationsgeschichte aus nationalen, regionalen und internationalen Datenbanken und in jüngster Zeit auch biometrische Instrumente wie Iris-Scans und Fingerabdrücke. Durch diese wuchernden Datensammlungen ist der Pass zur Spitze eines Eisbergs der Cyber-Überwachung geworden, die nicht nur über die Identität der einwanderungswilligen Person Auskunft gibt, sondern auch über ihr Verhalten, ihre wirtschaftliche und soziale Stellung und ihre politischen Kontakte.

Ausgenommen von diesem System der Grenzkontrollen und Identitätsüberprüfungen sind in manchen Regionen der Welt Zonen, in denen Freizügigkeit herrscht. Es gibt Mercosur, den Gemeinsamen Markt Südamerikas, in Lateinamerika, den gemeinsamen skandinavischen Arbeitsmarkt in den nordischen Ländern und dazu Binnenmärkte in Zentralafrika und Westafrika sowie das transtasmanische Reiseabkommen zwischen Australien und Neuseeland. Die beteiligten Länder haben sich darauf geeinigt, in diesen Gebieten oder Zonen alle Kontrollen an Binnengrenzen aufzuheben, sodass Waren, Dienstleistungen, Kapital und auch Menschen (Bürger_innen der jeweiligen Staaten und ihre Familienangehörigen) frei zirkulieren können. Das mächtigste derartige Gebilde ist die Europäische Union, der größte Wirtschaftsraum der Welt. Obwohl die EU-Mitgliedstaaten ihre jeweils eigenen Zuwanderungsgesetze haben, die die Immigration von Personen von außerhalb der Gemeinschaft (aus den sogenannten Drittstaaten) regeln, sind sie gehalten, Bürger_innen anderer EU-Mitgliedstaaten (und ihren Familienangehörigen) die freie Einreise, Arbeitnehmerfreizügigkeit und Niederlassungsfreiheit zu garantieren.

Die Freizügigkeit für EU-Bürger_innen hat den Kontinent verändert. Sie hat dazu beigetragen, regionale Ungleichgewichte zu verringern, den allgemeinen Lebensstandard zu erhöhen, wirtschaftliche Chancen zu schaffen und den Kulturaustausch zu fördern.

Ein weiterer Aspekt der Personenfreizügigkeit innerhalb der EU ist, dass die Grenzen zwischen den EU-Mitgliedstaaten gefallen sind. Sobald einer Person die Einreise in die EU erlaubt wird, kann sie sich frei innerhalb der Zone ohne Grenzkontrollen, dem sogenannten Schengen-Raum, bewegen. Selbst Personen, die nicht Bürger_innen der EU sind, können mit einem befristeten »Schengen-Visum« über eine Außengrenze in die EU einreisen und so lange, wie das Visum gilt, im Schengen-Raum unterwegs sein, ohne einen Pass vorzeigen zu müssen. Nicht alle EU-Mitgliedstaaten machen bei der Freizügigkeit mit. Schon vor dem Brexit hielt beispielsweise das Vereinigte Königreich an Grenzkontrollen fest (allerdings besteht mit Irland ein Einheitliches Reisegebiet ohne Grenzkontrollen). Innerhalb des Schengen-Raums gab es zumindest bis 2015 keine Grenzen, als Ungarn, Bulgarien und Griechenland als Reaktion auf die Migrations-»Krise« wieder Kontrollen einführten. Die Vision einer Zone des Friedens und Wohlstands ohne Grenzen, wo Konflikte und Spaltung so lange die Regel gewesen waren, hat dem europäischen Kontinent insgesamt viele Vorteile und Inspirationen gebracht und war für andere Regionen ein Vorbild.

Flucht vor Verfolgung: Ein legitimer Grund, Gastfreundschaft zu beanspruchen?

Obwohl an den Außengrenzen eines Landes (oder eines Gebiets, in dem Reisefreiheit besteht) die Einreise von Personen, die keine Staatsbürger_innen sind, immer kontrolliert wird, hat eine Gruppe von Migrant_innen einen privilegierten Status behalten, zumindest nach dem Völkerrecht und in der Politik: die Geflüchteten. Anders als das Migrationssystem, das, wie wir gerade gesehen haben, von heimischen Gesetzen und Institutionen bestimmt wird (obwohl regionale Zonen der Freizügigkeit dieses nationale Monopol teilweise eingeschränkt haben), wird der Umgang mit Geflüchteten heute stärker durch internationale Regeln bestimmt.

Das moderne System des Schutzes von Geflüchteten entstand im und nach dem Zweiten Weltkrieg. Allerdings wurden schon Jahrzehnte zuvor Minderheitenverträge geschlossen, die den Umgang mit den vielen Menschen regelten, die nach dem Völkermord an den Armenier_innen, nach der Russischen Revolution und den Verheerungen des Ersten Weltkriegs in ganz Europa auf der Flucht waren. Die erste Institution, die sich speziell um Geflüchtete kümmern sollte, war die United Nations Relief and Rehabilitation Administration (UNRAA, Nothilfe- und Wiederaufbauverwaltung der Vereinten Nationen), gegründet auf Anregung der Vereinigten Staaten, der Sowjetunion, Großbritanniens und Chinas während des Zweiten Weltkriegs, um Geflüchteten materielle Hilfe zu leisten und sie bei der Rückkehr in die Heimat zu unterstützen. Obwohl viele »Displaced Persons« nach Hause zurückkehrten (die UNRAA führte allein im Jahr 1945 in gerade einmal vier Monaten 7 Millionen Menschen zurück), waren andere nicht in der Lage oder nicht bereit, in ihre Herkunftsländer in Osteuropa zurückzugehen; daran hat sich bis heute nichts geändert. 1946 fristeten weit über 1 Million Vertriebene in Lagern der Alliierten ihr Dasein, und die Entscheidung der Vereinigten Staaten (aufgrund von Druck einer sehr aktiven jüdischen Lobby), etwa 5000 von ihnen aufzunehmen, war nicht viel mehr als ein Tropfen auf den heißen Stein. Es dauerte noch einmal zwei Jahre, bis die Vereinigten Staaten sich großzügiger zeigten. Das Ergebnis war der Displaced Persons Act aus dem Jahr 1948, das erste nationale Gesetz, das anerkannte, was mittlerweile ein fester Bestandteil des Managements von Wanderungsbewegungen ist: die Unterscheidung zwischen Immigrant_innen und Geflüchteten.

Nach dem Zweiten Weltkrieg wurde eine neue Institution geschaffen, diesmal von den Vereinten Nationen: die Internationale Flüchtlingsorganisation (International Refugee Organization). Sie hatte die Aufgabe, sich um die Neuansiedlung von Geflüchteten zu kümmern, die nicht in ihre Herkunftsländer zurückkehren konnten oder wollten. Aber genau wie die UNRAA überlebte auch diese Organisation nicht lange. 1951 wurde sie durch den Hohen Flüchtlingskommissar der Vereinten Nationen (United Nations High Commissioner for Refugees, UNHCR) abgelöst, eine Einrichtung, die bis heute besteht und seither sehr viel an Reichweite, Personal und Einfluss gewonnen hat. Neben diesen Organisationen zum Schutz von Geflüchteten schuf die internationale Gemeinschaft auch ein rechtliches Instrument mit nachhaltiger Wirkung: das Abkommen über die Rechtsstellung der Flüchtlinge. Diese sogenannte Genfer Flüchtlingskonvention aus dem Jahr 1951 und das ergänzende Protokoll aus dem Jahr 1967, das die Anwendung der Konvention über die im Zweiten Weltkrieg heimatlos gewordenen Menschen hinaus ausdehnte, sind zusammen mit dem UNHCR die zentralen Elemente des heutigen Systems für den Umgang mit Geflüchteten.

Eine zentrale Errungenschaft der Genfer Flüchtlingskonvention ist die Verankerung des weithin akzeptierten Grundsatzes der Nichtzurückweisung. Demnach dürfen geflüchtete Personen nicht in ein Land zurückgeschickt werden, in dem ihr Leben oder ihre Freiheit bedroht wäre. Dieses »Refoulement-Verbot« hat Millionen Geflüchteten ermöglicht, außerhalb ihrer Heimatländer eine sichere Zuflucht zu finden und einen dauerhaften legalen Aufenthaltsstatus zu erlangen.

Ein weiteres wichtiges Ergebnis der Flüchtlingskonvention ist eine international akzeptierte rechtliche Definition des Flüchtlingsstatus. Die 145 Staaten, die die Flüchtlingskonvention ratifiziert haben, legen bei ihrem Handeln einen gemeinsamen Standard zugrunde, was die Kooperation und gemeinsames Vorgehen bei der Behandlung von Flüchtlingsfällen erleichtert.

Grob gesagt gibt es zwei Wege, wie sich Geflüchtete in westlichen Ländern legal niederlassen können. Der eine Weg führt über humanitäre Aufnahmeprogramme, bei denen Menschen aus dem Ausland ins Land geholt werden, die durch den UNHCR bereits als Flüchtlinge nach der Genfer Konvention anerkannt sind. Länder wie die Vereinigten Staaten, Kanada, Australien, Frankreich, Ungarn und das Vereinigte Königreich haben alle solche Programme und nehmen jährlich eine national festgesetzte Anzahl dieser sogenannten Konventionsflüchtlinge auf. Der andere Weg ist ein erfolgreicher Antrag auf Anerkennung als Flüchtling (oder Asylbewerber_in) in einem anderen als dem Herkunftsland des oder der Betroffenen. Dieses Verfahren wählen Menschen, die den Schutz des Staates brauchen, in dem sie sich befinden (oder in den sie einreisen möchten), aber noch nicht als Flüchtlinge anerkannt sind.

In der Praxis sind beide Wege mit Schwierigkeiten verbunden. Im Fall des Aufnahmeprogramms entspricht die Zahl der Menschen, die tatsächlich ins Land gelassen werden, nicht im Entferntesten der Nachfrage, sodass nur ein Bruchteil der weltweit 21 Millionen Geflüchteten die

Aussicht hat, von dieser Regelung zu profitieren. Das erklärt den dramatischen Zuwachs sogenannter »langwieriger Flüchtlingssituationen«, bei denen Menschen in einer Lage gefangen sind, die der Philosoph Giorgio Agamben als »Ausnahmezustand«[38] bezeichnet hat.

Zur Knappheit der Aufnahmequoten kommen noch zunehmend strengere Sicherheitskontrollen hinzu, restriktive Regelungen für die Familienzusammenführung (die Menschen zwingen, sich von Verwandten zu trennen, die sie als enge Familienmitglieder betrachten) und in manchen Fällen belastende Bürgschaftsanforderungen. In der Folge verbringen Geflüchtete Jahre, manchmal Jahrzehnte in einem kräftezehrenden Schwebezustand, wie bereits zuvor beschrieben. Palästinensische Geflüchtete in Gaza und auf der West Bank leben teils seit über 60 Jahren in Lagern. Die Einschränkungen und die Verzweiflung dort haben viele, weltweit die Mehrheit der Geflüchteten, veranlasst, sich um ein Leben außerhalb von Flüchtlingslagern zu bemühen. Obwohl Zaatari, das wuchernde Lager für syrische Geflüchtete in Jordanien, mittlerweile die zweitgrößte »Stadt« des Landes mit geschätzt 79000 Bewohner_innen ist, hausen über 90 Prozent der syrischen Geflüchteten statt in Lagern in Behelfsunterkünften im Umkreis von Städten, wo der Alltag hart und unsicher ist und der Zugang zu Bildung und Gesundheitsversorgung ungewiss und dramatisch unzureichend.

Auch die Asylverfahren in den Ländern sind mit Schwierigkeiten und Unsicherheiten verbunden. Bereits

38 Agamben, Homo sacer. Souveräne Macht und das nackte Leben, S. 19.

Anfang der 2000er Jahre gab der damalige britische Staatssekretär für Asyl und Immigration, Lord Rooker, offen zu, dass Asylberechtigte nicht auf legalem Wege ins Vereinigte Königreich gelangen könnten.[39] Die Visa-Anforderungen an Staatsangehörige vom Krieg verheerter und instabiler Länder, die immensen Strafen, die Fluggesellschaften oder Reedereien drohen, wenn sie Passagiere ohne die erforderlichen Visa befördern, und die drakonischen Maßnahmen, um Geflüchteten auf See den Zugang zu sicheren Häfen zu verwehren, haben die Asylsuche immer gefährlicher, teurer, und physisch wie psychisch belastender gemacht.

Deshalb ist die Sterblichkeit hoch, und ohne die Einschaltung von Schleppern ist es praktisch unmöglich, an eine Grenze zu gelangen, wo ein Asylantrag gestellt werden kann. Und wenn Geflüchtete es bis zur Grenze geschafft haben, verwehren ihnen Grenzbeamt_innen oft die Einreise und schicken sie wieder zurück, weil sie keine Chance für einen erfolgreichen Asylantrag sehen. Das kann in vielen Situationen der Fall sein: Die Asylsuchenden kommen aus einem Land, das als sicher gilt; sie haben auf der Flucht ein Land passiert, wo sie nach Ansicht der zuständigen Beamt_innen ihren Asylantrag hätten stellen sollen (in der EU wird das durch das Dubliner Übereinkommen geregelt); sie haben bereits anderswo einen Asylantrag gestellt; die Geschichte, die sie erzählen, wird als nicht glaubwürdig erachtet; ihnen wurde in der Vergangenheit schon einmal Asyl verwehrt. Die Menschen, die das Glück haben, nicht rundweg abgewiesen zu wer-

39 Gibney, The Ethics and Politics of Asylum, S. 129.

den, stehen oftmals vor anderen Herausforderungen. Viele müssen die Prüfung ihres Antrags im Gefängnis abwarten. Jedem Asylantrag folgen langwierige und häufig feindselige Befragungen, um herauszufinden, ob Anspruch auf den Flüchtlingsstatus besteht, und obwohl es sich dabei um ein höchst komplexes juristisches Verfahren handelt, ist es schwierig, juristische Unterstützung und qualifizierte Übersetzungsdienste zu bekommen. Asylsuchende, die das Glück haben, nicht in Haft genommen zu werden, können nicht darauf zählen, dass sie arbeiten dürfen oder Sozialleistungen erhalten, solange ihre Fälle geprüft werden, deshalb ist allein das Überleben schwierig. Neben diesen extremen Härten belastet Verzweiflungsmigrant_innen noch das Trauma des Exils und des Verlusts, während sie darauf warten, wie über ihr Schicksal entschieden wird. Vor diesem Hintergrund ist es kein Wunder, dass manche Asylsuchende Suizid begehen.

Neben den persönlichen Schwierigkeiten gibt es erhebliche rechtliche Unsicherheiten im Hinblick auf den Ausgang von Asylverfahren. Obwohl eine einheitliche Definition des Flüchtlingsstatus existiert, haben die Entscheidungsbefugten großen Ermessensspielraum. Überdies ändern Staaten ihre Politik, sodass Asylsuchende, die auf die positiven Erfahrungen von Verwandten oder von anderen in der gleichen Lage zählen, die sich vor ihnen auf den Weg gemacht haben, auf einmal feststellen müssen, dass sie nicht aufgenommen werden. Wie bereits erörtert, haben beispielsweise junge Männer aus Afghanistan, die vor zwangsweiser Rekrutierung durch die Taliban fliehen, heute möglicherweise weniger Erfolg mit ihren Asylanträgen, als sie einige Jahre zuvor gehabt hätten.

Die verschiedenen Länder interpretieren die Flüchtlingskonvention außerdem nicht einheitlich. Die Informationen über die Gefährdungslage in den Herkunftsländern der Geflüchteten können variieren, und unter Umständen beeinflussen außenpolitische Erwägungen in verschiedener Weise die Bereitschaft, Schutz zu gewähren. In der Folge ergeht es Asylbewerber_innen, die ähnliche Fakten vortragen, oft sehr unterschiedlich. Zum Beispiel meldete Kanada 2016, dass 82 Prozent der Asylanträge von Geflüchteten aus Eritrea angenommen worden seien, während die Quote in Israel bei 0,4 Prozent lag. Selbst in ein und demselben Land gibt es Unterschiede bei der Bewilligung von Asylanträgen. In den Vereinigten Staaten sind sie so groß, dass von »Flüchtlingsroulette« die Rede ist: Manche Entscheider_innen akzeptieren über 90 Prozent der Anträge, andere weniger als 10 Prozent. Dementsprechend schwierig ist es, den Ausgang eines Asylverfahrens vorherzusagen, und Dauer sowie Ungewissheit sind für die Betroffenen schwer auszuhalten.

Trotz dieser massiven Hindernisse und Probleme ist der Flüchtlingsstatus ein wertvolles und entscheidend wichtiges humanitäres Instrument. Nur wenige andere Formen des rechtlichen Schutzes konnten die dringend nötige Sicherheit und Bewahrung vor Schaden gewährleisten, haben gefährdete Leben gerettet und dramatische Verbesserungen bei den Überlebensaussichten von Millionen Menschen ermöglicht, die ansonsten in mörderischen Staaten gefangen geblieben oder dorthin zurückgeschickt worden wären.

Nach der Flüchtlingskonvention ist ein Flüchtling eine Person, die »aus der begründeten Furcht vor Verfolgung wegen ihrer Rasse, Religion, Nationalität, Zugehörigkeit zu einer bestimmten sozialen Gruppe oder wegen ihrer politischen Überzeugung sich außerhalb des Landes befindet, dessen Staatsangehörigkeit sie besitzt, und den Schutz dieses Landes nicht in Anspruch nehmen kann oder wegen dieser Befürchtungen nicht in Anspruch nehmen will«[40]. Die Definition deckt Personen ab, die vor politischer Verfolgung geflohen sind (zum Beispiel, weil sie erkennbar Gegner_innen eines autoritären Regimes sind), vor religiöser Verfolgung (zum Beispiel, weil sie einer stigmatisierten und nicht geschützten Minderheit angehören) oder vor Verfolgung aufgrund anderer persönlicher Merkmale wie ethnischer Zugehörigkeit oder Nationalität. Im Lauf der Jahre hat sich dank verstärkten Einsatzes für die Menschenrechte, rechtlicher Entscheidungen in Präzedenzfällen und eines Wandels der gesellschaftlichen Normen der Schutz von Geflüchteten sehr verbessert, allerdings mit großen Unterschieden in den einzelnen Ländern. Zielte die Flüchtlingskonvention ursprünglich auf politische Dissident_innen und Angehörige verfolgter religiöser oder nationaler Minderheiten (darunter Juden und Jüdinnen in der Sowjetunion, Gegner_innen des Schahs in Persien und des Apartheid-Regimes in Südafrika, Angehörige der tamilischen Volksgruppe in Sri Lanka, Gegner_innen der Diktaturen in Chile und Argentinien), erkennen manche Rechtssysteme als Flüchtlinge nach der Genfer Konvention auch Frauen an, die vor weiblicher Beschneidung (auch Genitalverstümmelung genannt) geflohen sind, und Männer, die wegen ihrer Homosexualität mit Verfolgung zu rech-

40 Abkommen über die Rechtsstellung der Flüchtlinge vom 28. Juli 1951, Art. 1 A.

nen haben, und akzeptieren als Fluchtgründe auch schwere, anhaltende häusliche Gewalt, Rekrutierung als Kindersoldat_innen, Ausbeutung durch Kinderarbeit und zwangsweise Rekrutierung für Banden und den Schwarzhandel. Manchmal wird vorgeschlagen, neu über die Flüchtlingskonvention zu verhandeln mit dem Ziel, ihren Schutz auszuweiten. Aber das würde den Fortbestand dieses Systems des internationalen Rechtsschutzes gefährden und wäre deshalb unverantwortlich.

Eine dringende und unerledigte Aufgabe

Für manche Betroffenen funktioniert das gegenwärtige System des Umgangs mit Migrant_innen und Geflüchteten gut. Für etliche Verzweiflungsmigrant_innen stellt es jedoch eine hohe, bisweilen unüberwindliche Hürde dar. Mit einigen Ausnahmen, wie der Aufnahme zahlreicher Wanderarbeitskräfte in den Golfstaaten, bevorzugt das internationale Immigrationssystem tendenziell wirtschaftlich und sozial privilegierte erwachsene Migrant_innen gegenüber armen, jungen, ungebildeten oder unqualifizierten Personen, sofern sie nicht enge familiäre Verbindungen haben, die ihnen den Nachzug als Familienangehörige ermöglichen. Das Flüchtlingssystem basiert auf Einzelfallentscheidungen, von denen all jene profitieren, die vor staatlicher (eingeschränkt auch anderer) Verfolgung fliehen, schließt aber viele andere Verzweiflungsmigrant_innen aus, die nicht unter die Regelungen der Flüchtlingskonvention fallen. Diese große Gruppe – abgelehnte Asylsuchende, Menschen, die nach Ablauf ihres Visums weiter im Land bleiben, irreguläre Migrant_innen, Abgeschobene, Binnen- oder anderweitig Vertriebene, ausgebeutete Kinder, die ihre Heimat verlassen haben – bereitet uns heute Sorgen, weil unser Migrations- und Flüchtlingssystem für sie nicht ausgelegt ist. Wie können wir mit den drängenden Nöten dieser Menschen besser umgehen? Dieser Frage wenden wir uns im nächsten Kapitel zu.

IV Funktionierende und humane Lösungen finden

Nach wie vor quetschen sich Menschen auf Schlauchbooten zusammen, bezahlen Schleppern enorm viel Geld und sterben auf der Suche nach einer sicheren Zuflucht, auch wenn es nicht mehr so viele sind wie bei der großen Fluchtbewegung über das Mittelmeer 2015/2016. In der ersten Jahreshälfte 2017, als dieses Buch entstand, ertranken dort jeden Monat mehr als 100 Menschen. Auch Verzweiflungsmigrant_innen, die vor dem Bürgerkrieg im Südsudan oder vor der kriminellen Gewalt in Mittelamerika fliehen, sind nach wie vor sehr zahlreich. Wie sehen die Reaktionen auf diese humanitären Krisen aus? Und was muss getan werden, um zu nachhaltigen, gerechten Lösungen zu kommen?

Erstmals in ihrer 70-jährigen Geschichte widmete die UN-Generalversammlung im September 2016 ein Gipfeltreffen ganz dem Thema Migration. Anders als andere große internationale Probleme, wie globale Epidemien oder Handel oder organisierte Kriminalität, hatte Migration bis dahin noch nie im Mittelpunkt einer geplanten internationalen Zusammenarbeit von Mitgliedstaaten der UN gestanden. Starke Anreize sind nötig, um bei diesem polarisierenden Thema eine Einigung zu erzielen. Aber diese Anreize gibt es jetzt. Europa hat sieben Jahrzehnte lang nichts Vergleichbares erlebt wie die Ankunft von Geflüchteten 2015, weder hinsichtlich der Größenordnung noch hinsichtlich der politischen Auswirkungen. In diesem letzten Kapitel widmen wir uns den Punkten, die für die Lösung der Flüchtlings- und Migrationskrise am wichtigsten sind, einigen bisher ergriffenen

Maßnahmen und zusätzlichen Strategien, die nötig sind, um gerechte und nachhaltige Ergebnisse für die Zukunft zu erzielen.

Der Umgang mit einigen zentralen Triebkräften von Verzweiflungsmigration

Im Zusammenhang mit der Frage, wie sich die Flüchtlings- und Migrationskrise bewältigen lässt, geht es vorwiegend um Epiphänomene, Symptome dessen, was nicht funktioniert, und weniger um die zugrunde liegenden Triebkräfte. Das Hauptaugenmerk richtet sich auf unzulängliche Grenzkontrollen, überfüllte Flüchtlingslager, horrende Zahlungen an Schlepper, Ausbeutung durch Menschenhändler_innen, auf die Herausforderung von Aufnahme und Integration. Diese Symptome verdienen zweifellos Aufmerksamkeit, nicht nur, weil sie menschliche Not verursachen, sondern auch wegen ihrer fiskalischen und politischen Ausbreitungseffekte.

Letztlich ist die Suche nach Lösungen für die Flüchtlings- und Migrationskrise, indem man sich auf Epiphänomene konzentriert, jedoch vergeblich und zum Scheitern verurteilt. Verzweiflungsmigration lässt sich durch noch strengere Grenzkontrollen, durch humanitäre Hilfe oder Vorgehen gegen Schlepper einfach nicht stoppen. Die stärkeren, gesünderen und leistungsfähigeren Migrant_innen suchen sich einfach andere Wege. Der Preis, den Schlepper verlangen, um eine vierköpfige syrische Familie von Libyen nach Nordeuropa zu bringen, ist auf rund 36000 Dollar in die Höhe geschossen. Die Summe spiegelt nicht nur die Verzweiflung der Menschen wider, die fliehen wollen, sondern auch die Preissteigerung infolge großzügiger Zuwendungen der syrischen Diaspora.

Menschen, die vor Bandenkriminalität in Mittelamerika fliehen, werden von kriminellen Netzwerken umworben, die anbieten, sie über die Grenze zu bringen, und als Gegenleistung Drogenschmuggel oder sexuelle Gefälligkeiten fordern. Menschen aus Afghanistan und dem Sudan versuchen unter großem persönlichen Risiko und mit hohen psychischen Kosten immer wieder, über die Grenze zu gelangen, bis sie Erfolg haben. Wenn sie in Transitstaaten hängen bleiben, tun sie alles Erdenkliche, um weiterzukommen – oft lassen sie sich auf riskante und ausbeuterische Unternehmungen ein, um das Geld für Schlepper aufzutreiben. Die am wenigsten widerstandsfähigen und schwächsten Menschen, bisher über 20 Millionen, stecken Jahre oder womöglich Jahrzehnte in deprimierenden, ausweglosen Situationen fest, in Lagern oder städtischen Aufnahmezentren, wo sie darauf warten, irgendwo angesiedelt zu werden. Sie sind vielleicht außer Sichtweite der Menschen im Westen, aber das ist keine nachhaltige und gerechte Lösung.

So wichtig und nötig es ist, die Symptome anzupacken, eine umfassende und rationale Strategie ist es nicht. Um zu nachhaltigen Lösungen zu gelangen, müssen wir uns die Triebkräfte der heutigen Verzweiflungsmigration anschauen. Leichte und schnelle Lösungen werden wir nicht finden. Stattdessen hoffe ich, dass es mir gelingt, die zugrunde liegenden Schlüsselprobleme überzeugend zu schildern, die neben den Symptomen des Managements von Migration im engeren Sinn, um die man sich heute schon kümmert, ernsthaft angepackt werden müssen.

Konflikte

Eine der wichtigsten und offensichtlichsten Triebkräfte von Verzweiflungsmigration sind Konflikte.[41] Kein noch so gutes Management von Migration und wirtschaftlicher Entwicklung wird verhindern, dass Menschen fliehen, um ihr Leben zu retten.

Das Ausmaß von Konflikten hat sich verändert, auch in der jüngeren Vergangenheit. Nach Angaben des Center for Systemic Peace ist die Zahl der weltweiten Auseinandersetzungen von 1991 bis Anfang der 2000er Jahre um 60 Prozent zurückgegangen, danach hat sich der Trend umgekehrt. Das Institut für Friedensforschung in Oslo hat festgestellt, dass die Zahl der bewaffneten Konflikte von 41 im Jahr 2014 auf 50 im Jahr 2015 angestiegen ist, und der Aufwärtstrend hält an.[42]

Viele Kriege dauern sehr lange, was die Folgen für die dort lebenden Menschen verschlimmert, die Zahl der Flüchtenden in die Höhe treibt und die Aussichten, dass sie irgendwo aufgenommen werden, schmälert. 2014 dauerte das Exil von Geflüchteten aus 33 von Konflikten betroffenen Ländern im Durchschnitt 25 Jahre.[43] Im Lauf des sechsjährigen Bürgerkriegs in Syrien wurden über die Hälfte der 22 Millionen Einwohner_innen vertrieben, und mehr als 4 Millionen Geflüchtete verließen das Land, was die gesamte Region destabilisierte und Ausbreitungs-

41 Ich danke Kathryn Sikkink, dass sie in einer Diskussion nachdrücklich auf diesen Punkt hingewiesen hat.

42 Center for Systemic Peace, Major Episodes of Political Violence; Peace Research Institute Oslo, Trends in Armed Conflict, 1946–2015.

43 UNHCR und Global Monitoring Report (der Weltbank) 2016, zitiert bei Dryden-Peterson, Refugee Education. The Crossroads of Globalization, S. 474.

effekte weit über die Region hinaus erzeugte. Der Ausbruch des Bürgerkriegs im Südsudan 2013 führte ebenfalls zu Vertreibungen in großem Stil. Bis Januar 2017 waren mehr als 1,2 Millionen Menschen von dort nach Uganda, Äthiopien und in andere Nachbarländer geflohen.

Fast 60 Prozent der Geflüchteten und Migrant_innen, die 2016 nach Europa gekommen sind, stammten aus den zehn Ländern auf der Welt, die am meisten Geflüchtete produzieren; alle sind von Konflikten betroffen. Die Lasten dieser gewaltigen Kriegskosten verteilen sich sehr ungleich – nur sieben Länder, allesamt nicht im globalen Norden gelegen, nehmen über 50 Prozent der weltweit Geflüchteten auf. Das erklärt, warum erst die »Krise« der Geflüchteten und Migrant_innen, die 2015/2016 über das Mittelmeer kamen, ernsthafte internationale Aufmerksamkeit auf das Thema lenkte.

Konflikte zu reduzieren steht deshalb ganz oben auf der Liste langfristiger Lösungen für die Flüchtlings- und Migrationskrise. Eine detaillierte Untersuchung, welche Instrumente zur Verfügung stehen, um weltweit die Konflikte zu verringern, ist im Rahmen dieses Buches nicht zu leisten. Tatsächlich ist Konfliktlösung für sich allein schon eine der komplexesten globalen Herausforderungen. Neue Ressourcen zur Datengewinnung, darunter Geoinformationssysteme für das Crisis Mapping (die Kartierung von Regionen, die durch bestimmte Entwicklungen oder Konflikte betroffen sind) und Crowdsourcing, erweitern unsere kollektiven Möglichkeiten, Frühwarnsysteme zu entwickeln, um Gräueltaten zu verhindern und das Konfliktrisiko von vornherein zu senken. Wenn man Veränderungen in Mustern Beachtung schenkt, zum Beispiel der Zunahme von Hassreden, fremdenfeindlichen Gesetzen, Bevölkerungsbewegungen und Gewalt gegen bestimmte Minderheiten, können das Warnsignale sein. Die Warnungen wiederum können und sollten entschlossene präventive diplomatische Reaktionen auslösen, um offene Konflikte und den damit verbundenen massenhaften Exodus von Menschen zu vermeiden. Ruanda, Bosnien, Syrien und der Südsudan sind eindrückliche Beispiele, die uns daran erinnern, welche Kosten Untätigkeit angesichts offensichtlicher, aber unbeachteter Warnsignale hat.

Neben der Nutzung von Big Data sind auch eher traditionelle Instrumente zur Reduzierung oder Verhinderung von Konflikten wichtig. Es gibt sehr viel Literatur über den Einsatz gezielter und sonstiger Sanktionen und ebenfalls eine Fülle über internationale und regionale Mechanismen, die einen heißen Krieg vermeiden können. Die Weiterverbreitung von Massenvernichtungswaffen zu stoppen und die Legitimität einer florierenden transnationalen Waffenindustrie infrage zu stellen, die von den großen globalen Mächten, allesamt selbst bedeutende Waffenlieferanten, unterstützt wird, ist eine weitere wichtige Strategie. Waffenlieferungen an diktatorische Regimes sind eine maßgebliche Triebkraft heutiger Konflikte und damit von massenhafter Verzweiflungsmigration.

Immer mehr Belege zeigen überdies, dass militärisches Eingreifen von außen zur Beseitigung diktatorischer und autoritärer Regimes selten einen Konflikt beendet und ein demokratisches System bringt, allenfalls dann, wenn eine gut organisierte, starke Opposition aus der betreffenden Gesellschaft an die Stelle der bisherigen Machthaber treten kann. Eine militärische Intervention kann extrem negative Folgen haben, nicht zuletzt kann sie eine massive Bevölkerungswanderung über große Entfernungen in Gang setzen. Die jüngsten Entwicklungen in Afghanistan, im Irak und in Syrien bestätigen das.

Angesichts einer instabilen multipolaren Weltordnung mit etlichen unerfahrenen und unberechenbaren Politiker_innen an der Spitze wichtiger globaler Mächte ist die Herausforderung, Konflikte zu reduzieren, enorm. Aber ohne Erfolg an dieser Front wird es echte, nachhaltige Lösungen für das Problem der Verzweiflungsmigration nicht geben. Wenn wir nicht die weltweiten Konflikte reduzieren und verantwortungsvoll alle Möglichkeiten für friedliche Konfliktbeilegung fördern, ist die Chance, die Migrations- und Flüchtlingskrise in absehbarer Zeit zu lösen, gleich null.

Humanitäre Katastrophen und Klimawandel

Eng verbunden mit Verzweiflungsmigration infolge von Konflikten sind Migrationsbewegungen infolge von Umweltproblemen, sowohl natürlichen wie menschengemachten. Das ist ebenfalls ein sehr umfassendes Thema, das ausführlichere Erörterung verdient, als hier geleistet werden kann. Die Häufigkeit von Naturkatastrophen nimmt zu (von 2000 bis 2009 gab es dreimal so viele wie von 1980 bis 1989), und fast 80 Prozent des Anstiegs sind auf den Klimawandel zurückzuführen. Bei rund 200 Millionen betroffenen Menschen jedes Jahr sind die Ausbreitungseffekte auf Verzweiflungsmigration, vor allem Binnenmigration, aber auch internationale Wanderungsbewegungen, ebenfalls immens.

Wie bereits gesagt, sind diese Triebkräfte von Vertreibung nicht durch die Flüchtlingskonvention aus dem

Jahr 1951 abgedeckt, weil die Betroffenen üblicherweise nicht aus begründeter Furcht von Verfolgung wegen ihres staatsbürgerlichen oder politischen Status fliehen. Vielmehr sind sie Gefangene gewaltiger Ereignisse, die den Alltag auf den Kopf stellen: Erdbeben, extreme Niederschläge, Tsunamis, Stürme und Sturmfluten oder weniger akute, aber genauso verheerende Naturereignisse im Zusammenhang mit dem Klimawandel wie der Anstieg der Meeresspiegel, der Rückgang der Wälder, Verschmutzung von Luft und Wasser und Ausbreitung von Wüsten.

Auch von Menschen verursachte Unglücke tragen zu umweltbedingten Wanderungsbewegungen bei. Die Überflutung riesiger Ackerflächen im Zusammenhang mit großen Staudammprojekten und die Ablösung traditionell betriebener Landwirtschaft durch große Agrarkonzerne haben im Verlauf von Jahrzehnten viele Menschen vertrieben. Veränderungen bei der Nachfrage nach traditionellen Feldfrüchten, weil sich Konsummuster wandeln, dazu rückläufige Einkommen von Taglöhner_innen infolge einer verstärkten Mechanisierung der Landwirtschaft beschleunigen die Urbanisierung, worauf oft wieder internationale Verzweiflungsmigration folgt. Schwierige Umweltbedingungen, wie unberechenbare Niederschläge und der Zwang, das Einkommensrisiko durch Diversifizierung der Einkommensquellen zu vermindern, können mit anderen Faktoren zusammentreffen, wie einer schlechten allgemeinen Wirtschaftslage. Sie wirkt dann als politischer »Bedrohungsmultiplikator«, der den Ausschlag gibt, dass Menschen sich auf den Weg machen. Migration kann wiederum zu Konflikten und zu noch mehr Migration führen. Die Situation in Syrien ist ein Beispiel für diese komplexen, miteinander verknüpften Prozesse.

Geänderte Muster der landwirtschaftlichen Produktion und ein dramatischer Rückgang der Niederschläge in Ostsyrien über viele Jahre hinweg – und ganz besonders in den vier Jahren vor Ausbruch des Bürgerkriegs – beschleunigten die Wanderung sunnitischer Bauern in großer Zahl nach Westen. Daraus ergaben sich Spannungen zwischen den Bevölkerungsgruppen, ein Faktor, der zum Ausbruch des Bürgerkriegs beitrug.

Das Ausmaß der Migration infolge von Naturkatastrophen und Klimawandel ist nicht genau bekannt und Gegenstand von Kontroversen. Seit in den 1980er Jahren erstmals der Begriff »Klimaflüchtlinge« auftauchte, sind viele der Auffassung, dass Migration infolge von Klimaereignissen in Zukunft die Zahl der Flüchtenden heute in den Schatten stellen wird. Häufig zitiert wird die Schätzung von Norman Myers, der 2002 voraussagte, im Jahr 2050 werde es über 200 Millionen Klimaflüchtlinge geben; das Umweltprogramm der Vereinten Nationen geht mit einer konservativeren Schätzung von 50 Millionen Klimaflüchtlingen im Jahr 2060 aus.

Ungeachtet der Schwankungen in den Schätzungen besteht wenig Zweifel, dass Umweltfaktoren eine immer größere Rolle bei Wanderungsbewegungen spielen werden, auch wenn andere Faktoren mit ihnen interagieren. Vor dem Hintergrund dieser Erkenntnis beschlossen die 196 Mitgliedstaaten der Klimarahmenkonvention der Vereinten Nationen im Pariser Klimaabkommen von 2015 die Einsetzung einer Task Force, die Wege für den Umgang mit Vertreibung durch Klimaveränderungen finden soll. Die internationale Zusammenarbeit, einschließlich der Einigung auf gerechte Aufnahme- und Entschädigungspläne, erscheint dringend nötig. Kluge politische

Führung und Kompromissbereitschaft werden entscheidend sein, um dabei Fortschritte zu erzielen.

Wenn ganze Bevölkerungen durch innere Unruhen und Naturkatastrophen betroffen sind, bietet die UN-Flüchtlingskonvention keine Hilfe; in diesen Fällen können sich die Menschen manchmal auf großzügigere regionale Vereinbarungen stützen, die einer größeren Untergruppe von Verzweiflungsmigrant_innen Schutz bieten. Afrika wie auch Lateinamerika haben Verträge geschlossen (im einen Fall die Flüchtlingskonvention der Organisation für Afrikanische Einheit aus dem Jahr 1969, im anderen Fall die Erklärung von Cartagena über Flüchtlinge aus dem Jahr 1984) über den Schutz von Menschen, die wegen verbreiteter Gewalt oder Instabilität und wegen der damit verbundenen schweren Bedrohungen für Leben und Freiheit gezwungen waren zu fliehen.

Doch Millionen Menschen, die Schutz brauchen, fallen weder unter die Flüchtlingskonvention, noch helfen ihnen regionale Instrumente, sodass ihre Aussichten, nach der Flucht einen legalen Migrationsstatus zu erlangen, gering sind. Einige profitieren von befristeten Angeboten oder Sonderregelungen, die menschliches Leid nach Katastrophen lindern sollen. Ein Beispiel ist die Entscheidung der US-Regierung 1998, zahlreichen Menschen aus Honduras vorübergehend Schutz zu gewähren, Opfern des Hurrikans Mitch, des tödlichsten Atlantiksturm seit 1780, der das Leben von über 1,5 Millionen Menschen zerstört hatte. Bis heute gilt diese Regelung noch für 57000 Betroffene in den Vereinigten Staaten. Die EU hat ebenfalls Verzweiflungsmigrant_innen wiederholt befristeten oder humanitären Schutz gewährt, die nicht unter die Flüchtlingsregelungen fallen, angefangen mit den Geflüchteten aus dem ehemaligen Jugoslawien, von denen in Kapitel 1 die Rede war.

Menschen, die durch schrittweise und sich allmählich entfaltende Notsituationen, wie steigende Meeresspiegel und die Ausbreitung von Wüsten, zum Verlassen ihrer Heimat gezwungen werden, vermissen ähnliche Hilfe oft. Aber ihre Nöte werden zunehmend drängender. Manche Projekte wie die Nansen-Initiative für Migrant_innen, die vom Klimawandel betroffen sind, haben Programme zur Vorbereitung auf Katastrophen aufgelegt, um auf den entsprechenden Migrationsdruck zu reagieren, neben den näherliegenden Themen Gesundheitsversorgung, Obdach und Kinderschutz im Zusammenhang mit Katastrophen, die in Zukunft wohl immer häufiger auftauchen werden. Aber die Präventionsarbeit steckt noch in den Kinderschuhen und braucht mehr politische und finanzielle Unterstützung, damit effiziente Lösungen möglich werden, die wirklich Schutz bringen.

Weltweite Ungleichheit und Armut

»Internationale Massenmigration ist eine Folge extremer globaler Ungleichheit«, schreibt der britische Entwicklungsökonom Paul Collier.[44] Diese sehr vereinfachende Aussage erklärt nicht die erzwungene Migration von Millionen Menschen, die vor Gewalt und anderen Formen von Verfolgung aus ihrer Heimat fliehen, aber es ist klar, dass die weltweite Ungleichheit erheblich zu dem Migrationsdruck beiträgt. Ein Großteil der durch Ungleichheit getriebenen Migration ist reguläre, legale Arbeitsmigra-

44 Collier, Exodus. Warum wir Einwanderung neu regeln müssen, S. 286.

tion aufgrund bilateraler oder regionaler Abkommen über die Freizügigkeit von Arbeitskräften. Ein Beispiel dafür ist der massenweise Zustrom von Arbeitskräften aus Südasien und Ostasien in die Golfstaaten. Wie bereits angemerkt, ist das nicht die Form von Migration, die den Eindruck einer Krise erzeugt. Im Gegenteil: Manche Arbeitgeber_innen verdanken ihr einen enormen Zuwachs an Wohlstand (all jene, die in den Genuss der höchst vorteilhaften steuerlichen Regelungen in den Golfstaaten kommen) und viele Wanderarbeiter_innen ein dringend nötiges, wenn auch geringes Einkommen.

Eine weitere Einschränkung von Colliers Behauptung ist ebenfalls nötig. So sichtbar Migration ist und so zahlreich die Migrant_innen sind, sie ist dennoch eher die Ausnahme als die Regel des menschlichen Verhaltens; nur 3 Prozent der Weltbevölkerung haben sich grenzüberschreitend auf den Weg gemacht. Und von denen, die das tun, gehen in der Regel nicht die Ärmsten aus ihren Heimatländern weg. Wegen der hohen Kosten, die internationale Migration verursacht, fehlen sehr armen und hochgradig stigmatisierten Bevölkerungsgruppen meist die für internationale Mobilität erforderlichen Ressourcen. Die besonders benachteiligten Angehörigen armer Gruppen, darunter Menschen mit Behinderungen (rund 10 Prozent der Bevölkerung) oder junge Mütter und Witwen, verlassen am seltensten ihr Zuhause, weil belastende familiäre Verpflichtungen sie festhalten oder weil das Geld fehlt, um wegzugehen. Für die privilegierten Gruppen gilt das Gegenteil: Im Jahr 2002 lebten 30 Prozent aller hoch gebildeten Staatsbürger_innen Ghanas und Sierra Leones im Ausland, und über 75 Prozent der Jamaikaner_innen mit Hochschulabschluss leben in den Vereinigten Staaten.[45] Diese Gruppen haben in der überwältigenden Mehrheit einen legalen Aufenthaltsstatus, viele sind inzwischen Bürger_innen ihrer Gastländer.

Wirtschaftliche Not und fehlende Aussichten auf eine Verbesserung der eigenen wirtschaftlichen Lage sind zentrale Faktoren, die zu anderen Triebkräften von Verzweiflungsmigration hinzukommen, wie politische Instabilität, gesellschaftliche Unsicherheit und ökologische Gefährdung. Arme, unqualifizierte Migrant_innen aus dem Süden, die im globalen Norden arbeiten, verdienen häufig in einer Woche mehr, als sie zu Hause in einem ganzen Monat hätten verdienen können. Eine Untersuchung der Weltbank über Migrant_innen, die von Togo nach Neuseeland ausgewandert sind, kam zu dem Ergebnis, dass das Lebenseinkommen infolge der Migration mindestens 237 000 Dollar betrug; dabei sind nicht monetäre Vorteile, wie bessere Ausbildungsmöglichkeiten und bessere Gesundheitsversorgung sowie die Effekte der Akkumulation von Wohlstand, noch nicht berücksichtigt. Diese Summe bedeutet einen Einkommenszuwachs von 216 Prozent, was erhebliche wirtschaftliche Auswirkungen nicht nur auf den Lebensstil der Migrant_innen hat, sondern auch auf den Lebensstandard ihrer in der Heimat gebliebenen Angehörigen.[46] 2014 schickten Migrant_innen aus Entwicklungsländern schätzungsweise 436 Milliarden Dollar in ihre jeweiligen Heimatländer, eine Summe, die die

45 Newland, Migration as a Factor in Development and Poverty Reduction.

46 Gibson u. a., The Long-Term Impacts of International Migration. Evidence from a Lottery.

staatliche Entwicklungshilfe weit übertrifft.[47] Dank der Verbreitung sozialer Medien und der Informationstechnologie allgemein nehmen immer mehr Menschen, ganz besonders junge, diese enorme Diskrepanz wahr.

Verzweiflungsmigration ist eine Reaktion auf das Fehlen von wirtschaftlicher Sicherheit, der Aussicht auf Verbesserungen und von verlässlichem sozialen Schutz in der Heimat. Diese Umstände sind wiederum das Ergebnis massiver Ungleichheiten beim Handel und belastender Verpflichtungen zum Schuldendienst, die die großen Unterschiede zwischen dem globalen Norden und dem globalen Süden festschreiben. Die daraus resultierenden Ungleichgewichte werden noch durch eine Entwicklungspolitik verstärkt, die harte fiskalische Maßnahmen verlangt. Oft sind es Forderungen internationaler Finanzinstitutionen, und sie verhindern, dass arme Bevölkerungsschichten in den Genuss grundlegender gesellschaftlicher und wirtschaftlicher Rechte kommen. Solange sich an diesen Determinanten globaler Ungleichheit nichts ändert, werden junge Menschen weiterhin Hoffnungslosigkeit zu Hause und Chancen im Ausland sehen, und damit wird Migration die Standardlösung für immer mehr Menschen insbesondere in Afrika und Asien sein.

Die Unfähigkeit, das Problem der weltweiten Ungleichheit anzupacken, lässt in den Köpfen der Menschen den Wunsch entstehen, sich auf den Weg zu machen. Das soll nicht heißen dass wirtschaftliche Entwicklung allein die Migrationsströme reduzieren wird. Im Gegenteil, die klassischen Studien des amerikanischen Ökonomen David Massey zu den Wanderungsbewegungen von Mexiko

47 UNDP, International Migration Report, 2015, S. 2.

in die Vereinigten Staaten zeigen, dass wirtschaftliche Entwicklung kurzfristig sogar zu mehr Migration führen kann, obwohl langfristig das Gegenteil wahrscheinlicher ist. Aber gezielte Programme zur Armutsbekämpfung (die besonders erfolgreich sind, wenn die Leistungen direkt an Frauen fließen) können eine erhebliche Wirkung entfalten. Das haben Untersuchungen in Mexiko über PROGRESA gezeigt, ein ambitioniertes Regierungsprogramm zur Verringerung von Armut. Das Programm sieht Unterstützungszahlungen an einkommensschwache Haushalte vor, die an Bedingungen geknüpft sind (die Finanzhilfen werden nur bei einem bestimmten erwünschten Verhalten ausgezahlt, etwa wenn die Kinder zuverlässig die Schule besuchen). Das Programm hat kurzfristig die Auswanderung aus ländlichen Regionen ins Ausland reduziert, aber wenn die Kinder vom Land Bildung erhalten hatten, nahm ihre Neigung, wegzugehen, wieder zu.[48] Auch bei Forschungen im Senegal kam heraus, dass einkommensschwache Haushalte, die finanziell unterstützt wurden, um ihren Einkommensfluss so zu diversifizieren, dass sie das Risiko eines Ernteausfalls bei einer Kulturpflanze abmildern konnten, sich nicht mehr durch Migration vor Einkommenseinbrüchen schützen mussten. Staatliche Strategien, die den Lebensunterhalt absichern, indem sie die Umwelt schützen, für bessere landwirtschaftliche Erträge und die Diversifizierung von Einkommensströmen sorgen, können den Migrationsdruck deutlich verringern.

Fragile lokale und nationale politische Strukturen zu stabilisieren und staatliche Korruption zu bekämpfen

48 Stecklov u. a., Do Conditional Cash Transfers Influence Migration?.

sind ebenfalls entscheidend wichtige Maßnahmen, damit Migration nicht mehr so attraktiv erscheint. Wenn Drogenbosse und Banden ganze Viertel terrorisieren, schrumpfen die Chancen junger Menschen, zu studieren und eine einträgliche Arbeit zu finden, dramatisch. Ein Beispiel für gesellschaftliche Interventionen, um die lokalen politischen Strukturen zu stärken, ist das kürzlich beschlossene amerikanische Engagement für honduranische Programme zur Gewaltprävention mit jährlichen Kosten von rund 100 Millionen Dollar. Das ist eine Menge Geld, aber, wie die mit dem Pulitzerpreis ausgezeichnete Journalistin Sonia Nazario anmerkt, »Kleingeld im Vergleich zu den Kosten einer Mauer«, eine Anspielung auf die von Präsident Trump geplante Mauer zu Mexiko, deren Kostenschätzungen von 12 bis 66,9 Milliarden Dollar variieren, oder im Vergleich zu den 19,4 Milliarden, die die Vereinigten Staaten 2016 für verstärkten Grenzschutz ausgegeben haben. Nazario berichtet über ein abgestimmtes Programm mit einzelnen Bausteinen in Rivera Hernández, dem gewalttätigsten Stadtviertel von San Pedro Sula, »vier Jahre hintereinander die Stadt mit den meisten Mordfällen weltweit«. Innerhalb von zwei Jahren ging die Zahl der Gewalttaten und der Fälle von Alkohol- oder Drogenmissbrauch bei jungen Menschen, die an dem Programm teilnehmen konnten, gegenüber einer Vergleichsgruppe um 77 Prozent zurück. Dank des Programms zur Gewaltprävention stieg außerdem die Zahl der Personen, die in dem Viertel wegen Tötungsdelikten verurteilt wurden, von mageren 4 Prozent (wegen der Angst vor Vergeltungsaktionen) auf einen neuen Rekord von über 50 Prozent. Im selben Zeitraum nahmen die Tötungsdelikte um 62 Prozent ab. Und für meine Argumentation spricht, dass in denselben zwei Jahren dank des Programms nur noch halb so viele junge Menschen aus Honduras an der Grenze zwischen Mexiko und den Vereinigten Staaten auftauchten.[49]

Gut geplante soziale und wirtschaftliche Entwicklung in Verbindung mit einer mehr auf Gleichgewicht ausgerichteten Handelspolitik, gerechteren Steuerregelungen, Schutz des Rechtsstaats und guter, stabiler Regierungsführung bringen letztlich mehr Wohlstand, Bildung und Qualifikationen. Maßnahmen zur Ausweitung der sozialen Absicherung wie die eben beschriebenen sind ein gerechterer, rationalerer und kostengünstigerer Weg als strenge Grenzkontrollen, um den Druck zu verringern, der Menschen zu Verzweiflungsmigrant_innen werden lässt.

Neben umfassenden und gezielten Maßnahmen zur sozialen Absicherung ist die Ausweitung legaler Arbeitsmöglichkeiten und anderer Mittel, die legale Arbeitsmigration über Regionen hinweg zu fördern einschließlich Visa, die für mehrere Jahre gelten und zur mehrfachen Einreise berechtigen, Teil der Antwort auf die gegenwärtige humanitäre Krise. Insbesondere sollten unqualifizierte oder nur teilweise qualifizierte Arbeitskräfte in solche Programme einbezogen werden, um die Ungleichheit zu reduzieren und Chancen zu eröffnen. Einige sehr umfassende Programme fördern begrenzte Formen von Mobilität und der Generierung von Einkommen, versagen aber als Instrumente zur Umgestaltung der Verhältnisse

49 Navarro, How to Secure the Border. Warum es sinnvoll ist, sich mit den Kosten der Untätigkeit zu befassen, wird überzeugend dargelegt bei Anand u. a., The Cost of Inaction, Cambridge 2012.

und zur Umverteilung, weil sie Einkommen, Gesundheitsversorgung und andere Nutzen sehr strikt begrenzen und den Arbeitskräften die Möglichkeit verwehren, ihre Familienangehörigen mitzubringen. So ist es etwa bei den Visa der Vereinigten Staaten für unqualifizierte und Saisonarbeitskräfte.

Ähnlich restriktive Bedingungen gelten für die über 1 Million Menschen, die in den Vereinigten Arabischen Emiraten nach dem Kafala-System (Bürgschaften) in den Genuss einer Arbeitserlaubnis kommen, wovon bereits die Rede war. Dort herrscht praktisch Apartheid zwischen einigen der reichsten und einigen der ärmsten Bevölkerungsgruppen der Welt, während sie in enger Nachbarschaft leben. 90 Prozent der Arbeitskräfte in dem Land sind südasiatische Wanderarbeiter_innen, die in diesem System höhere Einkommen erzielen können, als es ihnen zu Hause möglich wäre. Da es ihnen aber verwehrt ist, sich zu organisieren oder auch nur sich niederzulassen und die Staatsbürgerschaft des Emirats zu erwerben, und sie nur sehr eingeschränkten Zugang zu guten Gesundheitsleistungen und sehr begrenzte Aufstiegsmöglichkeiten haben, zementiert das System eine beunruhigende Segregation nach Hautfarbe, Klassenzugehörigkeit und Nationalität und verstärkt die weltweite Ungleichheit bei Produktion und Konsum. Teilweise sind solche Regelungen eine Anklage gegen die Herkunftsländer der Wanderarbeiter_innen, die es nicht geschafft haben, für Arbeitsbedingungen zu sorgen, bei denen die Arbeitnehmerrechte respektiert werden. Einige Länder, die viele Arbeitskräfte exportieren, wie die Philippinen und in geringerem Umfang auch Indonesien, bieten gute Beispiele, wie sich Regierungen für den Schutz ihrer im Ausland arbeitenden Bürger_innen engagieren können. Sie fordern Mindeststandards bei der Gesundheitsversorgung, der Bezahlung, bei Arbeitsstunden und Urlaub, mit durchaus positiven Folgen. Regelungen für Wanderarbeiter_innen sollten zumindest diesen minimalen Schutz von Arbeitnehmerrechten beinhalten.

Als Maßnahme zur Förderung der sozialen Gerechtigkeit hat die Beschäftigung von Wanderarbeiter_innen nur Erfolg, wenn rigoros Mindestlöhne durchgesetzt werden sowie Gesundheits- und Sicherheitsbestimmungen an den Arbeitsplätzen im globalen Norden, die von solchen Beschäftigungsmodellen abhängen. Durch den massiven demografischen Wandel, der bereits im Gang ist, wird noch deutlicher werden, wie wichtig diese Punkte sind.

Demografie

Nach den aktuellen demografischen Trends werden so unterschiedliche Länder wie Deutschland, Kanada und Australien auf die Zuwanderung junger Menschen angewiesen sein. 2015 gab es erstmals überhaupt weltweit mehr Menschen über 65 Jahre als Kinder unter 14 Jahren. 2025 wird fast ein Viertel der EU-Bürger_innen älter als 65 Jahre sein, besonders stark wird die Zahl der über 85-Jährigen zunehmen. Expert_innen sagen voraus, dass die Zahl der alten Menschen sich bis 2060 gegenüber dem Stand von 2010 nahezu verdoppeln und der Bevölkerungsanteil der über 80-Jährigen auf 12 Prozent ansteigen wird.[50]

50 Angaben der Europäischen Kommission, zitiert bei Crépeau / Purkey, Facilitating Mobility and Fostering Diversity, S. 30.

Auch am entgegengesetzten Ende des Altersspektrums gibt es erhebliche demografische Veränderungen. Viele Mitgliedstaaten der EU verzeichnen massiv rückläufige Geburtenraten, in einigen liegt die Geburtenrate unter der Reproduktionsrate der Bevölkerung. 2015 betrug die Fruchtbarkeitsziffer (die Zahl der Geburten pro Frau) in Spanien 1,3 und in Italien 1,4. Andere Regionen der Welt hingegen, vor allem das subsaharische Afrika, wiesen den entgegengesetzten Trend auf. Sudan hatte im selben Zeitraum eine Fruchtbarkeitsziffer von 4,3 und Somalia von 6,4.

Eine Folge dieses demografischen Trends wird mit der potenziellen Unterstützungsrate erfasst, dem Verhältnis von Menschen im arbeitsfähigen Alter zu den über 65-Jährigen. 1950 lag dieses Verhältnis weltweit bei 12:1, heute ist es auf 8:1 zurückgegangen, und bis 2050 dürfte es auf 4:1 sinken – dann entfallen nur vier arbeitende Menschen auf einen Rentner bzw. eine Rentnerin. Aber dieses globale Bild verbirgt dramatische regionale Unterschiede. Es wird erwartet, dass bis 2050 die Unterstützungsrate in Deutschland und Italien auf 5:1 zurückgeht, in Uganda und Nigeria hingegen auf 16:1 und 15:1 steigt.

Ohne Nettozuwachs durch Migration wird die arbeitsfähige Bevölkerung in Europa bis 2020 um 3,5 Prozent schrumpfen und in den nächsten 50 Jahren um 42 Millionen abnehmen. Die Förderung der Gleichstellung und die Erhöhung des Renteneintrittsalters können den Rückgang bremsen, aber Zuwanderung ist zweifellos ein weiteres wichtiges Instrument, um die vor uns liegende demografische Herausforderung anzugehen.

Der Ansatz der Vereinten Nationen bei der Lösung der Flüchtlings- und Migrationskrise

Wie am Anfang dieses Kapitels erwähnt, haben die Vereinten Nationen kürzlich ein Aktionsprogramm aufgelegt, um die derzeitigen Herausforderungen im Zusammenhang mit Migration anzupacken. Der zentrale Vorschlag, der im September 2016 verkündet wurde, ist der Abschluss zweier neuer »globaler Pakte« bis 2018, einmal zum Thema Flüchtlingspolitik und einmal zur Entwicklung eines neuen Rahmens für die Bewältigung der weltweiten Migration.[51]

Ein zentrales Ziel dabei ist es, »eine geordnete, sichere, reguläre und verantwortungsvolle Migration und Mobilität von Menschen [zu] erleichtern«. Ob das gelingt, wird von breiter politischer Unterstützung und entschlossenem Engagement bei vielen Triebkräften von Migration abhängen, wie wir sie oben erörtert haben. Die globalen Pakte, die im Anhang der New Yorker Erklärung angekündigt werden, zielen darauf ab, »eine stärkere Verknüpfung zwischen humanitären Maßnahmen und Entwicklung herzustellen und die Abstimmung mit Friedenskonsolidierungsmaßnahmen zu verbessern«[52]. Weiter ruft die Erklärung dazu auf, robuste Regeln für Nichtdiskriminierung zu installieren, um »einen am Menschen ausgerichteten, sensiblen, humanen, würdigen, geschlechtergerechten […] Empfang für alle Menschen«[53] zu gewährleisten. Außerdem sollen vermehrt Daten über

51 UN-Generalversammlung, New Yorker Erklärung für Flüchtlinge und Migranten.

52 Ebenda, Absatz 37.

53 Ebenda, Absatz 22.

Migrationsströme gesammelt werden – zwei lobenswerte und wichtige Anliegen, um die man sich bisher zu wenig gekümmert hat. Mehr entschlossene internationale Zusammenarbeit bei der Grenzkontrolle, um gegen organisiertes Verbrechen, Terrorismus und andere Bedrohungen der Sicherheit vorzugehen, ist ebenfalls wahrscheinlich.

Die New Yorker Erklärung verlangt zudem, dass die Staaten die Verantwortung für die Aufnahme und Unterbringung von Flüchtlingen verstärkt teilen; dass Rettungsmissionen zur See und vorübergehende Evakuierungen aus humanitären Gründen erfolgen, wenn es nötig ist; dass die Länder, die Geflüchtete zuerst aufnehmen, das heißt, die an ihre Heimatländer angrenzen, mehr Unterstützung bekommen, und dass Anstrengungen unternommen werden, durch staatliche und private Investitionen dafür zu sorgen, dass die Geflüchteten Chancen auf sinnvolle Ausbildung und Arbeit bekommen, um auf eigenen Füßen stehen zu können.[54]

Die Erklärung bekräftigt die Verpflichtung, die mittlerweile weithin akzeptiert ist und begrüßt wird, von Lagern als Standardlösung zur Hilfeleistung an Geflüchtete wegzukommen und stattdessen Modelle zu wählen, die mit weniger Ausgrenzung verbunden sind. Dieses Vorgehen trägt den verheerenden Wirkungen Rechnung, die ein langer Aufenthalt in Lagern auf Flüchtlinge hat, und der Tatsache, dass über 60 Prozent der weltweit geflüchteten Menschen de facto die Entscheidung treffen, außerhalb von Lagern zu leben, insbesondere in einem städti-

54 Beispiele, was wahrscheinlich entwickelt und ausgebaut wird, finden sich in UNHCR, Regional Refugee and Migrant Response Plan for Europe.

schen Umfeld. Wir können die Flüchtlingskrise nicht lösen, indem wir Menschen über Jahrzehnte in trostlose Lager sperren – der offensichtlichste Beleg für das, was Derek Gregory als »unsere koloniale Gegenwart«[55] bezeichnet hat – oder indem wir Menschen, die darauf brennen, sich eine neue Existenz aufzubauen, die Mittel verwehren, für sich selbst zu sorgen.[56]

Im Hinblick auf die Migration von Menschen ohne Flüchtlingsstatus ruft die New Yorker Erklärung dazu auf, mehr Visa für Arbeitstätigkeit, für Qualifizierung und für die Familienzusammenführung zu erteilen. Positiv werden Initiativen aus jüngerer Zeit vermerkt, Migrant_innen in von Konflikten oder Naturkatastrophen betroffenen Ländern zu schützen und ihnen eine Stimme zu geben (die sogenannte »MICIC«-Initiative, Migrants in Countries in Conflict), die Risikovorsorge zu verbessern sowie die Hilfen an Menschen, die ihre Heimat verlassen mussten, und mehr langfristige Lösungen für die Menschen zu entwickeln, die durch den Klimawandel vertrieben wurden (die sogenannte Nansen-Initiative und ihre Nachfolgerin, die Platform on Disaster Displacement aus dem Jahr 2016).[57]

55 Gregory, The Colonial Present, zitiert bei Hyndman / Giles, Refugees in Extended Exile. Living on the Edge, S. xv.

56 Ausgezeichnete Vorschläge, wie erreicht werden kann, dass geflüchtete Menschen für sich selbst sorgen können, zitieren Jacobsen / Fratzke, Building Livelihood Opportunities for Refugee Populations. Lessons from Past Practice.

57 Siehe aus dem Jahr 2014 MICIC, Guidelines to Protect Migrants in Countries Experiencing Conflict or Natural Disaster. Zu der Initiative des Nansen Institute vom Oktober 2012, angestoßen von der Schweiz und Norwegen, um einen Konsens der Staaten zu erzielen,

Diese lobenswerten Ziele für Reformen, die auf höchster Ebene formuliert wurden, berühren einige der großen Herausforderungen, vor die uns die Flüchtlings- und Migrationskrise stellt, und gehen weit über die unmittelbaren Symptome der Notlagen infolge von Flucht und Migration hinaus.

Zu einem an Rechten ausgerichteten Umgang mit Flucht und Migration

Wenn, wie ich argumentiere, die Haupttriebkräfte von Verzweiflungsmigration Konflikte, Naturkatastrophen und Klimawandel, weltweite Ungleichheit und demografische Veränderungen sind, dann lässt sich eine Lösung für die gegenwärtige Flüchtlings- und Migrationskrise nicht finden, wenn man nur die offensichtlichsten Symptome anpackt, so wichtig sie auch sein mögen.

Ich habe dargelegt, dass die vielen Vorstöße, neue Wege für den Umgang mit Flucht und Migration zu entwickeln, darunter auch die Initiative der Vereinten Nationen für globale Pakte, wichtig sind. Unsere humanitären Verpflichtungen gegenüber Menschen in Not, über unterschiedliche Gesellschaften und Kulturen hinweg ein Grundpfeiler religiöser und ethischer Normen, wie wir in Kapitel 2 festgestellt haben, gebieten, dass wir dringend unser Sicherheitsnetz für all jene verbessern, die vor Gewalt und anderen schwerwiegenden Bedrohungen von

wie am besten auf grenzüberschreitende Migrationsbewegungen infolge sich langsam entwickelnder und plötzlicher Naturkatastrophen reagiert werden sollte, siehe Balk, Resilienz und geplante Umsiedlungen. Siehe auch Entwicklung und Zusammenarbeit, Die Bedürfnisse der Vertriebenen.

Leben und Freiheit fliehen. Das beinhaltet eine entschlossenere, großzügigere und konsequentere Reaktion auf Verzweiflungsmigration, nicht nur durch die eine Wiederbelebung der Flüchtlingskonvention, sondern in einem umfassenderen Sinn, wie wir es diskutiert haben.

Wir brauchen auch deutlich verbesserte Mechanismen für die Rettung auf See, für die Erteilung von Ausreisevisa und die Öffnung von Fluchtkorridoren aus humanitären Gründen. Wie die Entwicklungen der jüngsten Zeit in Europa zeigen, werden all diese Maßnahmen nur nachhaltig sein, wenn gleichzeitig in den Ländern Ressentiments der einheimischen Bevölkerung und Furcht entgegengewirkt wird. Außerdem muss es substanzielle Investitionen geben, um Unterbringungsmöglichkeiten für Neuankömmlinge zu schaffen und sie in der fünf- bis zehnjährigen Übergangsperiode zu begleiten, bis sie auf eigenen Beinen stehen. Da die Verzweiflungsmigrant_innen in der Regel jung, stark und entschlossen sind, etwas aus ihrem Leben zu machen, ist das keine Verpflichtung für eine unendliche Dauer, sondern eine kluge Investition zur Unterstützung einer Bevölkerungsgruppe, die innerhalb von zehn Jahren wahrscheinlich sehr viel mehr beitragen wird, als sie gekostet hat.

Neben den Regelungen für den Grenzübertritt und Mechanismen, die greifen, wenn die Menschen bereits im Land sind, muss unbedingt die kollektive Verantwortung im globalen Norden gerechter verteilt werden, entweder nach dem Verfahren der Europäischen Kommission, die das Verhältnis von Fläche, Bevölkerungsdichte und BIP zugrunde legt, oder nach einer anderen, allgemein anerkannten Formel. Das kanadische Modell, wo sich Einheimische als Sponsor_innen für Geflüchtete zur Verfügung stellen, hat Tausenden die Chance eröffnet, ins Land zu kommen; es ist ein eindrucksvolles Beispiel, das sehr viel mehr Nachahmung finden könnte. Zufluchtsstädte (»Sanctuary Cities«) in den Vereinigten Staaten und in Schweden sind weitere Versuche, Partnerschaften zwischen öffentlichen Institutionen und privaten Initiativen zu bilden, die ergänzend zu staatlichen Maßnahmen Unterstützung und Gastfreundschaft bieten. Innerhalb der EU ist dringend Umverteilung von den übermäßig belasteten Anrainerstaaten des Mittelmeers, insbesondere Griechenland und Italien, in andere Länder erforderlich. Im Mai 2015 schlug der Europäische Rat Maßnahmen für die Verteilung von 40 000 Migrant_innen im Juli und weiteren 120 000 im September vor. Aber im Februar 2016 hatten die betreffenden Mitgliedstaaten nur 4522 Geflüchtete aufgenommen. Dieses Versagen führte dazu, dass Hunderttausende Migrant_innen und Geflüchtete praktisch in den schlecht für die Aufnahme so vieler Menschen gerüsteten Grenzländern festsaßen.

Eindrucksvolle Demonstrationen breiter Unterstützung für Verzweiflungsmigrant_innen, die nachbarschaftlicher Hilfe bedürfen, müssen durch entschlossene und umsichtige politische Führung unterstützt werden, um den heute grassierenden fremdenfeindlichen Hass zu stoppen. Humanitäre Überlegungen, aber auch Sicherheitserwägungen und das wirtschaftliche Eigeninteresse erfordern außerhalb des globalen Nordens verstärkte Investitionen in den Schutz sowie das wirtschaftliche und soziale Wohlergehen vertriebener Menschen. Die fatale Gleichgültigkeit in den letzten Jahren und ihre Auswirkungen einschließlich massiver Wanderungsbewegungen in den globalen Norden haben inzwischen mit einiger Verspätung verschiedene Pläne für den Umgang mit Geflüchteten entstehen lassen; unter anderem enthalten sie detaillierte Strategien, um dringend benötigte Dienstleistungen bereitzustellen. Auch in der Frage, wie man Verzweiflungsmigrant_innen dabei unterstützen kann, selbstständig für sich zu sorgen, gibt es einfallsreiche Ideen, von Initiativen wie öffentlich-privaten Partnerschaften über Modelle für die Landverteilung bis zu einer Reihe anderer kreativer Entwicklungsprojekte. All diese Vorstöße sind dringend nötig und willkommen, sofern sie nicht dazu führen, dass ausbeuterische »Unternehmenszonen« mit schlechten Arbeitsbedingungen entstehen, in denen Menschen festsitzen, die anderswohin wollen.

Humanitäre Interventionen allein werden die aktuelle Situation bei Flucht und Migration nicht lösen. Wie bereits gesagt, müssen sehr viel umfassendere, flexiblere und inklusivere rechtliche Instrumente geschaffen werden, um Mobilität zu erleichtern und zu unterstützen. Dazu gehört die vermehrte Vergabe von Arbeitserlaubnissen insbesondere an unqualifizierte und teilqualifizierte Arbeitskräfte, mit dem Ziel, dass die großen Gruppen massiv ausgebeuteter irregulärer Migrant_innen, die heute als Ungelernte Tätigkeiten verrichten, durch Arbeitskräfte mit sicheren Arbeitsbedingungen, in denen ihre Rechte gewahrt sind, ersetzt werden. Durch die ökologischen und demografischen Veränderungen wird das immer dringlicher.

Schließlich und vielleicht am wichtigsten von allem ist es, sich kollektiv ernsthaft um die Bedürfnisse der nächsten Generation zu kümmern. Sie wächst in einem Umfeld auf, wo die Chancen auf ein erfüllendes Leben mit der Achtung individueller Rechte immer mehr schwinden. Bereits heute sind Schätzungen zufolge rund 15 Prozent der 232 Millionen internationalen Migrant_innen jünger als 20 Jahre. Ihr Anteil an den Geflüchteten ist viel höher – fast die Hälfte aller Geflüchteten sind Kinder. Der Arabische Frühling hat es eindrucksvoll deutlich gemacht: Überall auf der Welt ist in ländlichen, wirtschaftlich desolaten Regionen innerhalb ansonsten prosperierender Staaten eine demografische Explosion bei den jungen Menschen zu beobachten, ohne dass in adäquatem Umfang Chancen auf höhere Bildung und qualifizierte Ausbildung und vor allem Beschäftigungsmöglichkeiten zur Verfügung stehen.[58] Das Gleiche gilt in weiten Teilen des subsaharischen Afrika, von Lateinamerika und Osteuropa.

Sehr viele Kinder und Jugendliche sind in schlimmen ausbeuterischen Situationen gefangen; sie müssen Kinderarbeit leisten, werden sexuell ausgebeutet, in bewaffneten Konflikten eingesetzt und bei allen möglichen Formen von illegalem Handel. Diese Kinder verlassen nicht alle ihr Zuhause, aber etliche doch, und in erheblicher Zahl erleben sie traumatische Formen von Migration und werden entweder von Schleusern hereingelegt oder erleiden andere, unerträgliche Formen von Kindesmissbrauch und Verfolgung. In ihren Heimatländern fehlen Regelungen zum Kinderschutz sowie Bildungschancen und Arbeitsmöglichkeiten, und bei Flucht und Migration sind Kinder ebenfalls oft vollkommen schutzlos.

58 UNDP, Arab Human Development Report 2016: Youth and the Prospects for Human Development in a Changing Reality.

Deshalb müssen die Bedürfnisse und Rechte der nächsten Generation unbedingt Beachtung finden und ernst genommen werden. Wie sollte das aussehen? Am wichtigsten ist eine Umverteilung der Bildungs- und Beschäftigungschancen, damit alle jungen Menschen etwas aus sich machen können. In erster Linie gilt es die aufzufangen, die entweder aus der Schulbildung herausgefallen sind oder die gar nicht erst Zugang zu richtiger Bildung (die zu einer Beschäftigung führt) bekommen haben. Dafür gibt es eine Fülle von Möglichkeiten. Durch den demografischen Wandel werden Bildungsräume im globalen Norden frei, die denen zur Verfügung gestellt werden könnten und sollten, die bisher unterversorgt sind.

Um das zu erreichen, bieten sich zwei Wege an. Zum einen könnte die Bildungsmobilität ausgeweitet werden. Bisher ist sie ein Privileg reicher Bevölkerungsgruppen, der Eliten, die Internate und renommierte Hochschulen fernab ihrer Heimat besuchen; so etwas sollte viel mehr Schüler_innen und Studierenden zur Verfügung stehen. Visa für Studierende in Verbindung mit Stipendien oder Studienkrediten könnten bewirken, dass junge Leute in großer Zahl von Bildungschancen profitieren, was wiederum ihre Berufsaussichten verbessern würde. Es müssen deutlich mehr flexible Bildungsvisa in Verbindung mit Stipendien und Geldern aus Entwicklungsprogrammen vergeben werden. In den Etats für Entwicklungshilfe könnten Posten explizit für solche Programme vorgesehen werden, einschließlich Geldern für Stipendien an Bildungseinrichtungen im globalen Norden.

Wir haben bereits ein hervorragendes Modell dafür: das Erasmus-Programm der EU. Es wurde 1987 eingerichtet und 2014 von Erasmus+ abgelöst, seither hat es sich als ungeheuer beliebtes und erfolgreiches Angebot erwiesen, um die studentische Mobilität zu fördern. Erasmus hat nicht nur viel zu einer kosmopolitischen, aufgeschlossenen europäischen Identität beigetragen, die nicht durch nationalistische Vorurteile und kulturelle Abschottung eingeschränkt wird, sondern es hat auch als ein machtvoller Umverteilungsmechanismus gewirkt. Denn dank dieses Programms konnten Studierende aus armen Ländern Chancen ergreifen, die zuvor außerhalb ihrer Reichweite lagen, und an einigen der besten Zentren für höhere Bildung in Europa studieren. In den 30 Jahren seines Bestehens haben 9 Millionen Studierende am Erasmus-Programm teilgenommen. Von 2007 bis 2013 sind dank Erasmus doppelt so viele Studierende aus Ungarn, der Türkei und Zypern ins Ausland gegangen, in Ländern wie der Slowakei und Montenegro wuchs die Mobilität sogar um über 75 Prozent. Polen, die Türkei und Rumänien haben ganz besonders von Lehrerfortbildung in Westeuropa profitiert.[59] Das Erasmus+-Programm hat ein Budget von über 18 Milliarden Euro (für den Zeitraum 2014 bis 2020), die aus Beiträgen der Mitgliedstaaten aufgebracht werden.[60] Diese wunderbare Einrichtung könnte durchaus das Vorbild für ein globales Erasmus-Programm abgeben.

So wie historische Feindschaften, kulturelle und sprachliche Differenzen zwischen der Türkei und Griechenland, zwischen Polen und Deutschland, Rumänien und Ungarn überwunden wurden zum großen Nutzen einer neuen weltoffenen, gebildeten Jugend, sollte etwas

59 Europäische Kommission, 30 Jahre Erasmus+ – für Sie.
60 Europäische Kommission, Erasmus+ Annual Report 2015.

Ähnliches auch über Kontinente hinweg passieren. Die ethnischen und kulturellen Unterschiede in Europa erschienen vor weniger als einem Jahrhundert so groß, geradezu unüberwindlich, wie die weltweiten Differenzen heute. Erasmus deckt mit Millionen schwarzen und asiatischen Londoner_innen, türkischen Berliner_innen und marokkanischen Pariser_innen ein Gebiet ab, das kulturell, ethnisch und religiös nicht homogener ist als Europa und der Nahe Osten oder Afrika zusammengenommen oder als Amerika und Lateinamerika oder Australien und Asien.

Es gibt noch ein weiteres Paket von Strategien, um der nächsten Generation mehr Gleichberechtigung und Gerechtigkeit beim Zugang zu Bildung und Beschäftigung zu sichern. Mobile IT, das heißt der Einsatz mobiler Geräte in der Informationstechnologie, wird bisher noch viel zu wenig genutzt, um hochwertige Bildung auf allen Ebenen und ganz besonders auf universitärer zu gewährleisten. In der Telemedizin hat es bereits große Fortschritte gegeben, sodass es möglich ist, drastisch unterversorgte Gebiete wie beispielswiese die Westbank und den Gazastreifen (und sogar das vom Bürgerkrieg zerrissene Syrien) zu erreichen. Aber bisher wurde nur wenig unternommen, um die gewaltigen Bildungsressourcen renommierter Universitäten, technischer und beruflicher Fachschulen und anderer Zentren der höheren Bildung für Menschen im globalen Süden zugänglich zu machen. Viele Einrichtungen des tertiären Bildungsbereichs entwickeln heute Online-Kurse (MOOCs, Massive Open Online Courses) und arbeiten an anderen Lehrplaninnovationen. Es scheint möglich, mit relativ geringen Investitionen in Programme und Institutionen erhebliche Bildungsgewinne und Umverteilungseffekte zu erzielen.

Ein vielversprechendes Beispiel, wie so etwas funktionieren kann, ist die Bildungsinitiative Borderless Higher Education for Refugees (BHER, Grenzenlose höhere Bildung für Geflüchtete); dabei ist die York University in Toronto mit geflüchteten Studierenden aus Somalia verbunden, die im Flüchtlingslager Dadaab in Kenia festsitzen.[61] Weitere kleine Beispiele guter Praktiken, die viel mehr Nachahmung finden und ausgeweitet werden sollten, sind das Panafrikanische e-Network, eine Partnerschaft zwischen der indischen Regierung und der Afrikanischen Union zur Unterstützung von Initiativen, Fernunterricht zwischen Indien und Afrika einzurichten. Dabei sind inzwischen sieben indische Universitäten mit fünf afrikanischen verbunden. Die Middlesex University in Großbritannien stellt im Rahmen einer Partnerschaft der Islamischen Universität in Gaza E-Learning-Module zur Verfügung, und Ärzt_innen der Yale University Medical School bieten NGOs, die syrische Geflüchtete betreuen, Kurse über seelische Gesundheit und Trainingsmaßnahmen an. Diese kleinen Initiativen verdienen sehr viel mehr Aufmerksamkeit, Geld und Nachahmung.

Keine der vielen Reformen, die ich vorschlage, wird allein die Flüchtlings- und Migrationskrise lösen. Aber in Kombination und mit gemeinsamen Anstrengungen, die Triebkräfte der weltweiten Konflikte zu reduzieren, mehr Prävention gegen humanitäre und Naturkatastrophen zu betreiben, systematisch gegen die globale Ungleichheit

61 Giles / Orgocka, Protracted Refugee Situations. Adolescents in Dadaab, Kenya.

bei Einkommen, Bildungs- und Beschäftigungschancen vorzugehen und in transparenter und konstruktiver Weise demografische Trends zu beobachten, können wir in dem Bemühen, das Ausmaß der aktuellen Verzweiflungsmigration und ihre schrecklichen Folgen für die Menschen radikal zu verringern, ein sehr großes Stück vorankommen.

Weiterführende Literatur

Leser_innen, die sich eingehender mit der in Kapitel 1 zusammengefassten Geschichte der weltweiten Migration beschäftigen möchten, können auf mehrere hervorragende Werke zurückgreifen. Ein guter Anfang ist das knappe, angenehm zu lesende und höchst informative Buch von Christiane Harzig und Dirk Hoerder *What is Migration History?*. In einer beeindruckend klaren Sprache stellen sie die lange Geschichte der weltweiten Wanderungsbewegungen aus einer überzeugend radikalen Perspektive dar und geben eine Fülle von ergänzenden Erklärungen, die für alle hilfreich sind, die sich nicht perfekt in Weltgeschichte auskennen.

Zwei weitere Bücher verfolgen ebenfalls einen globalen Ansatz. Da ist zum einen Patrick Mannings *Wanderung, Flucht, Vertreibung,* eine sehr gründliche chronologische Darstellung der menschlichen Mobilität, die in der Prähistorie beginnt mit der Entstehung des Ackerbaus und des Verkehrs zu Land und zu Wasser und dann weiter durch das Mittelalter und die frühe Neuzeit bis in unsere Gegenwart führt. Ebenfalls sehr erhellend ist der von Jan Lucassen, Leo Lucassen und Patrick Manning herausgegebene Sammelband *Migration History in World History. Multidisciplinary Approaches,* der Beiträge aus unterschiedlichen Disziplinen versammelt. Leser_innen finden in diesem Buch eine faszinierende Zusammenstellung von Forschungsergebnissen im Zusammenhang mit Migration aus Linguistik, Archäologie, Biologie, Psychologie und Anthropologie. Zum Beispiel wird dargelegt, wie die sorgfältige Analyse der Überreste menschlicher Skelette und anhaftender Pflanzenspuren Aufschluss über Migrationsrouten geben kann und wie die gründliche Analyse sprachlicher Veränderungen und Aneignungen Belege für menschliche Mobilität in früheren Zeiten liefern kann.

Weiterhin empfehle ich aus der Fülle der Auswahl drei Werke zu bestimmten Ländern und Regionen für Leser_innen, die sich näher in die Geschichte bestimmter Gebiete vertiefen wollen. Jedes ist auf seine eigene Art und Weise großartig. Da ist zum einen Adam McKeowns Aufsatz *Global Migration, 1846–1940*. Er plädiert überzeugend dafür, die herkömmliche Darstellung der menschlichen Wanderungsbewegungen zu revidieren und stärker die asiatischen Wanderungsströme zu berücksichtigen, denn, so schreibt er, sie seien nach Umfang und Bedeutung genauso wichtig wie die Wanderungen in Europa und Amerika, auf die sich der Löwenanteil der wissenschaftlichen Studien konzentriere. McKeowns umfassende Kenntnis der chinesischen Geschichte und seine präzisen Überlegungen zu den Triebkräften menschlicher Mobilität sind eine sehr wichtige Korrektur des herkömmlichen Kanons. Eine wunderbare Geschichte eines bestimmten Kapitels erzwungener menschlicher Migration, das die tragischen, bleibenden Folgen illustriert, wenn ein Staat die ethnische und religiöse Homogenität seiner Bevölkerung erzwingen will, ist Bruce Clarks Buch über Griechenland und die Türkei *Twice a Stranger. The Mass Expulsions that Forged Modern Greece and Turkey.* Schließlich empfehle ich allen Leser_innen, die sich sowohl für das Gesamtbild des größten Beispiels erzwungener Migration in der Geschichte der Menschheit (mit mehr als 40 Millionen Betroffenen) interessieren als auch für die komplexen persönlichen Erwägungen, die der individuellen Entscheidung zugrunde liegen, in einer unerträglichen Situation auszuharren oder zu gehen, Joya Chatterjis meisterhafte Schilderung eines Aspekts der Teilung von Britisch-Indien *The Spoils of Partition. Bengal and India 1947–1967*.

Es gibt eine Fülle von Literatur zu den ethischen Fragen im Zusammenhang mit unseren Pflichten gegenüber Fremden. Ein Großteil davon konzentriert sich auf die Pflichten, in Not geratenen oder auf andere Weise benachteiligten Bevölkerungsgruppen zu helfen, im eigenen Land ebenso wie in anderen Ländern. Ein Klassiker, der die Spannung zwischen dem Ausmaß der Notlage von Fremden und der Enge ihrer Beziehung zu den Helfer_innen behandelt, ist Henry Shues Aufsatz *Mediating Duties*. Ich greife auf einige von Shues starken Metaphern zurück, um das Dilemma, das er diskutiert, zu verdeutlichen.

Nur in einem kleinen Teil der Schriften über die ethischen Aspekte der Sorge für andere geht es direkt um die Verpflichtung gegenüber Geflüchteten und Migrant_innen, die ich in Kapitel 2 erörtere. Ein Meilenstein ist dabei das Buch von Joseph Carens, *The Ethics of Immigration*. Carens plädiert auf denkbar stichhaltige und stringente Weise für eine großzügige, offene und inklusive Haltung in der Frage der Zuwanderung. Einige seiner Gedanken finden sich in deutscher Übersetzung in dem Aufsatz *Ein Plädoyer für offene Grenzen*.

Ein Buch, das detailliertes Wissen über rechtliche Fragen von Flucht und Migration mit anspruchsvoller politischer Theorie verbindet, ist Linda Bosniaks ungeheuer klarsichtige Abhandlung *The Citizen and the Alien. Dilemmas of Contemporary Membership*. Das Buch bietet nicht nur eine gründliche Diskussion der für das Thema relevanten ethischen Argumente von führenden politischen Theoretikern wie John Rawls und Michael Walzer, sondern es verbindet auf erhellende Weise ihre abstrakten Konzepte von Pflichten und Zugehörigkeit mit konkreten Situationen, die in juristischen Verfahren aus dem Zuwanderungsrecht eine Rolle gespielt haben.

Ein weiteres sehr gedankenreiches, dabei höchst lesenswertes und anregendes Buch über die Verpflichtungen gegenüber ausländischen Menschen ist Seyla Benhabibs *Die Rechte der Anderen. Ausländer, Migranten, Bürger.* In eleganter Prosa setzt sich Benhabib mit Immanuel Kants berühmtem Kategorischen Imperativ auseinander und zeigt, dass er überragende Bedeutung für unsere derzeitigen Dilemmata besitzt. Außerdem stößt sie eine interessante, kritische Diskussion über Hannah Arendt an, die bekannte jüdische Philosophin, die von der »Banalität des Bösen« gesprochen hat. Benhabib hinterfragt Arendts tiefe Skepsis, dass internationale Strukturen in der Lage sein können, Geflüchtete vor der Barbarei ihrer eigenen Heimatländer zu schützen.

Für Leser_innen, die die grenzüberschreitende Freizügigkeit aus unterschiedlichen Perspektiven betrachten möchten, bietet der von Brian Barry und Robert E. Goodin herausgegebene Sammelband *Free Movement. Ethical Issues in the Transnational Migration of People and Money* eine hilfreiche Zusammenstellung von Standpunkten. Und schließlich untersucht Itamar Mann in seinem vorzüglichen Buch *Humanity at Sea. Maritime Migration and the Foundations of International Law* die ethischen Fragen, die auftauchen, wenn es um Leben und Tod geht – wie es bei Verzweiflungsmigrant_innen der Fall ist, die schiffbrüchig auf dem Meer treiben oder zu ertrinken drohen. Das Buch beginnt mit dem Beispiel der jüdischen Menschen, die dem Holocaust zu entkommen versuchten, und endet mit Syrer_innen, die vor dem mörderischen Bürgerkrieg in ihrer Heimat fliehen. Mann untersucht in seiner aktuellen Analyse, was für eine starke Wirkung es hat, wenn Bilder von menschlichem Leid in Echtzeit übertragen werden, und beleuchtet die vielfältigen Überschneidungen internationaler Rechtsnormen und emotionalen Drucks als Triebkräfte politischer Entscheidungen.

Der grundlegende Text zu Kapitel 3 über nationale Grenzkontrollen als Grundlage des Flüchtlings- und Migrationssystems ist das klassische Werk von John Torpey, *The Invention of the Passport. Surveillance, Citizenship and the State.* Weitere hilfreiche Darstellungen der politischen Strategien und Praktiken im Umgang mit Geflüchteten und Migrationsströmen sind das Buch von Matthew J. Gibney, *The Ethics and Politics of Asylum. Liberal Democracy and the Response to Refugees,* der Aufsatz von Frances Stonor Saunders, *Where On Earth Are You?*, und die Migrationsagenda der Europäischen Kommission aus dem Jahr 2015. Mein eigenes Buch *Child Migration and Human Rights in a Global Age* bietet einen umfassenden Überblick, wie sich die weltweite Migrations- und Flüchtlingspolitik und ihre Auswirkungen aus der Sicht der Kinder darstellen.

Ein wichtiges Buch über die bedeutsamen Zusammenhänge von Flüchtlings- und Migrationspolitik auf der einen Seite und entwicklungspolitischen Fragen auf der anderen Seite ist Alexander Betts *Survival Migration. Failed Governance and the Crisis of Displacement.* Das

Buch des bekannten Entwicklungsökonomen Paul Collier *Exodus. Warum wir Einwanderung neu regeln müssen* ist eine meinungsstarke, provokative Darstellung der Triebkräfte von Migration vor dem Hintergrund einer massiv ungleichen weltweiten Wirtschaftsordnung. Was das politische Versagen des Westens für Geflüchtete bedeutet, schildern eindrücklich Jennifer Hyndman und Wenona Giles in ihrem bewegenden Buch *Refugees in Extended Exile. Living on the Edge.* Vasileia Digidiki und Jacqueline Bhabha untersuchen in einer tiefgehenden, aber sehr lesbaren Fallstudie, wie sich die gegenwärtige Flüchtlings- und Migrationspolitik auf eine besonders verwundbare Bevölkerungsgruppe auswirkt, nämlich unbegleitete Kinder und Jugendliche: *Emergency Within an Emergency. The Growing Epidemic of Sexual Exploitation and Abuse of Migrant Children in Greece.*

Zu der in Kapitel 4 diskutierten Frage, welche gangbaren humanen Schritte zur Lösung der Flüchtlings- und Migrationskrise als Nächstes unternommen werden sollten, gibt es eine Fülle von Literatur. Viele der besten Studien über den politischen Umgang mit Flucht und Migration, meist sehr lesbar und ohne Fachjargon, stammen aus spezialisierten Think Tanks oder von UN-Einrichtungen. Die Berichte des Migration Policy Institute (www.migrationpolicy.org) sind durchgängig von hoher Qualität und eine lohnende Lektüre zu speziellen Themen (wie Bildungspolitik für Migrant_innen oder bewährte Sponsor-Modelle für Geflüchtete oder künftige Regelungen für die Vergabe von Arbeitserlaubnissen). Die Berichte von François Crépeau, der von 2011 bis 2017 Sonderberichterstatter der Vereinten Nationen für die Menschenrechte von Migrant_innen war, enthalten weitsichtige, fortschrittliche und kluge Beobachtungen und Empfehlungen (www.ohchr.org/EN/Issues/Migration/SRMigrants). Sehr erhellend zu den breiteren Themen, um die es bei der Suche nach einer Lösung für die Flüchtlings- und Migrationskrise geht, ist der von Sheri P. Rosenberg, Tibi Galis und Alex Zucker herausgegebene Sammelband *Reconstructing Atrocity Prevention.* Dieses hervorragende Werk enthält eine breite Auswahl von Aufsätzen, die sich der einschüchternden Aufgabe stellen, die wichtigsten Triebkräfte von Verzweiflungsmigration zu untersuchen. Leser_innen, die mehr über den künftigen Umgang mit Flucht und Migration erfahren möchten, finden in zwei Dokumenten faszinierendes, verständlich aufbereitetes Material. Das eine ist die *New Yorker Erklärung für Flüchtlinge und Migranten,* die die Mitgliedstaaten der Vereinten Nationen bei der Generalversammlung im September 2016 beschlossen haben, ein kraftvolles internationales Dokument, das den Weg für zwei neue, 2018 vereinbarte globale Pakte bereitete, einen über Geflüchtete und einen über Migrant_innen. Das andere Dokument, in dem es primär um Europa geht, das aber auch weitreichende, fortschrittliche Ideen enthält, die über Europa hinaus anwendbar sind, ist die Studie von François Crépeau und Anna Purkey, *Facilitating Mobility and Fostering Diversity. Getting European Migration Governance to Respect the Human Rights of Migrants.*

Wie ich in diesem Buch schreibe, hat die Krise im Zusammenhang mit Flucht und Migration eine enorme Reaktion im Kulturbereich ausgelöst, zu der Literatur, Film, Musik und bildende Kunst Beiträge geleistet haben. Aus der Fülle eindrücklicher allgemeiner Bücher zu dem Thema stechen einige besonders heraus. Eine der nach wie vor faszinierendsten Darstellungen von Verzweiflungsmigration ist das bereits vor mehr als zehn Jahren erschienene Buch von Caroline Moorehead *Human Cargo.* Neuere Ergänzungen sind die lebhafte Darstellung von Patrick Kingsley *Die neue Odyssee,* der als erster Reporter Fluchtorte besucht und mit geflüchteten Menschen gesprochen hat, der Roman *Exit West* von Mohsin Hamid, dem renommierten Verfasser von *Der Fundamentalist, der keiner sein wollte,* und der Sammelband mit Erzählungen von Viet Thanh Nguyen *Die Geflüchteten.*

Bibliografie

Abkommen über die Rechtsstellung der Flüchtlinge vom 28. Juli 1951, https://www.unhcr.org/dach/wp-content/uploads/sites/27/2017/03/GFK_Pocket_2015_RZ_final_ansicht.pdf [30. 12. 2018].

Agamben, Giorgio, Homo sacer. Souveräne Macht und das nackte Leben, Frankfurt am Main 2011.

Anand, Sudhir, u. a., The Cost of Inaction. Case Studies from Rwanda and Angola, Cambridge 2012.

Anderson, Benedict, Die Erfindung der Nation. Zur Karriere eines folgenreichen Konzepts (1983), Frankfurt am Main 2005.

Balk, Sabine, Resilienz und geplante Umsiedlungen, Entwicklung und Zusammenarbeit, 29. März 2017, https://www.dandc.eu/de/article/die-protection-agenda-der-nansen-initiative-zeigt-loesungen-fuer-menschen-auf-die-durch [30. 10. 2018].

Barry, Brian / Goodin, Robert E. (Hg.), Free Movement. Ethical Issues in the Transnational Migration of People and Money, University Park 1992.

Benhabib, Seyla, Die Rechte der Anderen. Ausländer, Migranten, Bürger, Frankfurt am Main 2008.

Betts, Alexander, Survival Migration. Failed Governance and the Crisis of Displacement, Ithaca 2013.

Bhabha, Jacqueline, Child Migration and Human Rights in a Global Age, Princeton 2014.

Dies. / Senovilla Hernández, Daniel / Kanics, Jyothi (Hg.), Research Handbook on Child Migration, Cheltenham 2018.

Bosniak, Linda, The Citizen and the Alien. Dilemmas of Contemporary Membership, Princeton 2006.

Carens, Joseph H., Ein Plädoyer für offene Grenzen, in: Frank Dietrich (Hg.), Ethik der Migration. Philosophische Schlüsseltexte, Berlin 2017, S. 166–211.

Ders., The Ethics of Immigration, Oxford 2013.

Center for Systemic Peace, Major Episodes of Political Violence, 1946–2016, https://www.systemicpeace.org/warlist/warlist.htm [30. 10. 2018].

Chatterji, Joya, The Spoils of Partition. Bengal and India 1947–1967, Cambridge 2007.

Clark, Bruce, Twice a Stranger. The Mass Expulsions that Forged Modern Greece and Turkey, Cambridge 2006.

Collier, Paul, Exodus. Warum wir Einwanderung neu regeln müssen, München 2014.

Crépeau, Françoise / Purkey, Anna, Facilitating Mobility and Fostering Diversity. Getting European Migration Governance to Respect the Human Rights of Migrants, *CEPS Paper in Liberty and Security in Europe* 92, Mai 2016.

Diamond, Jared, Arm und Reich. Die Schicksale menschlicher Gesellschaften (1997), Frankfurt am Main 2012.

Digidiki, Vasileia / Bhabha, Jacqueline, Emergency Within an Emergency. The Growing Epidemic of Sexual Exploitation and Abuse of Migrant Children in Greece, Cambridge 2017, Center for Health and Human Rights, https://cdn2.sph.harvard.edu/wp-content/uploads/sites/5/2017/04/Emergency-Within-an-Emergency-FXB.pdf [30. 10. 2018].

Dryden-Peterson, Sarah, Refugee Education. The Crossroads of Globalization, *Educational Research* 45/9 (2016), S. 473–482.

Enoch Powells »Rivers of Blood« Speech, *The Telegraph,* 6. November 2007, https://www. telegraph.co.uk/comment/3643823/Enoch-Powells-Rivers-of-Blood-speech.html [30. 10. 2018].

Entwicklung und Zusammenarbeit, Die Bedürfnisse der Vertriebenen, 23. März 2017, https://www.dandc.eu/de/article/vertreibung-aufgrund-von-katastrophen-ist-eine-der-groessten-humanitaeren-herausforderungen [30. 10. 2018].

Europäische Kommission, 30 Jahre Erasmus+ – für Sie, Brüssel 2017, https://ec.europa.eu/programmes/erasmus-plus/anniversary/30th-anniversary-and-you-_de [30. 10. 2018].

Dies., Erasmus+ Annual Report 2015, Brüssel 2017, https://ec.europa.eu/programmes/erasmus-plus/sites/erasmusplus/files/erasmus-plus-annual-report-2015.pdf [30. 10. 2018].

Dies., Die europäische Migrationsagenda, Brüssel, 13. Mai 2015, COM (2015) 240, https://ec.europa.eu/home-affairs/sites/homeaffairs/files/what-we-do/policies/european-agenda migration/background-information/docs/communication_on_the_european_agenda_on_migration_de.pdf [30. 10. 2018].

Gibney, Matthew J., The Ethics and Politics of Asylum. Liberal Democracy and the Response to Refugees, Cambridge 2004.

Gibson, John, u. a., The Long-Term Impacts of International Migration. Evidence from a Lottery, World Bank Policy Research Working

Paper Nr. 7495, 2015, https://ideas.repec.org/p/wbk/wbrwps/7495.html [30. 10. 2018].

Giles, Wenona / Orgocka, Aida, Protracted Refugee Situations. Adolescents in Dadaab, Kenya, in: Bhabha / Senovilla Hernández / Kanics (Hg.), Research Handbook on Child Migration, S. 416–426.

Goodin, Robert E., If People were Money, in: Barry / Goodin (Hg.), Free Movement, S. 6–22.

Gregory, Derek, The Colonial Present. Afghanistan, Palestine and Iraq, Oxford 2004.

Hamid, Mohsin, Exit West, Köln 2017.

Harzig, Christiane / Hoerder, Dirk, What Is Migration History?, Cambridge 2009.

Henderson, Laura, What It Means to Say »Crisis« in Politics and Law, 5. März 2014, https://www.e-ir.info/2014/03/05/what-it-means-to-say-crisis-in-politics-and-law/ [30. 12. 2018].

Hubbard, Ben, Wealthy Gulf Nations Are Criticized for Tepid Response to Syrian Refugee Crisis, *New York Times*, 5. September 2015, https://www.nytimes.com/2015/09/06/world/gulf-monarchies-bristle-at-criticism-over-response-to-syrian-refugee-crisis.html [30. 12. 2018].

Hyndman, Jennifer / Giles, Wenona, Refugees in Extended Exile. Living on the Edge, Abingdon / Oxford 2017.

Jacobsen, Karen / Fratzke, Susan, Building Livelihood Opportunities for Refugee Populations. Lessons from Past Practice, September 2016, https://www.migrationpolicy.org/research/building-livelihood-opportunities-refugee-populations-lessons-past-practice [30. 12. 2018].

Juncker, Jean-Claude, Lage der Union 2015. Zeit für Ehrlichkeit, Einigkeit und Solidarität, http://europa.eu/rapid/press-release_SPEECH-15-5614_de.htm [30. 12. 2018].

Kant, Immanuel, Zum ewigen Frieden (1795), in: ders., Werke in zwölf Bänden. Band 11, Frankfurt am Main 1968, S. 191–251.

Keita, Shomarka, Migration in Biological Anthropology, in: Jan Lucassen / Leo Lucassen / Patrick Manning (Hg.), Migration History in World History. Multidisciplinary Approaches, Leiden / Boston 2010, S. 59–74.

Keynes, John Maynard, Nationale Selbstgenügsamkeit, in: Harald Mattfeldt (Hg.), Keynes. Kommentierte Werkauswahl, Hamburg 1985, S. 152–161.

Kingsley, Patrick, Die neue Odyssee. Eine Geschichte der europäischen Flüchtlingskrise, München 2016.

Lacqueur, Thomas, Bodies, Details and the Humanitarian Narrative, in: Lynn Hunt (Hg.), The New Cultural History, Berkeley 1989, S. 176–204.
Lucassen, Jan / Lucasson, Leo / Manning, Patrick (Hg.), Migration History in World History. Multidisciplinary Approaches, Leiden / Boston 2010.
Mackey, Robert, Hungarian Leader Rebuked for Saying Muslim Migrants Must Be Blocked »to Keep Europe Christian«, *New York Times*, 3. September 2015, https://www.nytimes.com/2015/09/04/world/europe/hungarian-leader-rebuked-for-saying-muslim-migrants-must-be-blocked-to-keep-europe-christian.html [30. 12. 2018].
Mann, Itamar, Humanity at Sea. Maritime Migration and the Foundations of International Law, Cambridge 2016.
Manning, Patrick, Wanderung, Flucht, Vertreibung. Geschichte der Migration, Essen 2007.
McKeown, Adam, A World Made Many. Integration, and Segregation in Global Migration, 1846–1940, *Journal of World History* 15/2 (2004).
MICIC, Guidelines to Protect Migrants in Countries Experiencing Conflict or Natural Disaster, https://micicinitiative.iom.int/guidelines [30. 10. 2018].
Moorehead, Caroline, Human Cargo, London 2005.
Mutua, Makau, Human Rights. A Political and Cultural Critique, Philadelphia 2002.
Navarro, Sonia, How to Secure the Border. Spoiler Alert. A Wall Won't Do It, Kommentar, *LA Times*, 23. April 2017, https://www.latimes.com/opinion/op-ed/la-oe-nazario-what-works-to-end-illegal-immigration-20170423-story.html [30. 12. 2018].
Newland, Kathleen, Migration as a Factor in Development and Poverty Reduction, Migration Policy Institute, 1. Juni 2003, https://www.migrationpolicy.org/article/migration-factor-development-and-poverty-reduction [30. 10. 2018].
Nguyen, Viet Thanh, Die Geflüchteten, München 2018.
Obama, Barack, Remarks by the President in Address to the Nation on Immigration, 20. November 2014, https://obamawhitehouse.archives.gov/the-press-office/2014/11/20/remarks-president-address-nation-immigration [30. 12. 2018].
Oliphant, Vicky, Now for Nexit. Geert Wilders Says First Job as PM will be to Call EU Referendum, *The Daily Express*, 9. Februar 2017, https://www.express.co.uk/news/world/765172/Geert-Wilders-European-Union-referendum-Nexit-Dutch-election [30. 12. 2018].

Pan, Liang, Why China Isn't Hosting Syrian Refugees, *Foreign Policy,* 26. Februar 2016, https://foreignpolicy.com/2016/02/26/china-host-syrian-islam-refugee-crisis-migrant/ [30. 12. 2018].

Peace Research Institute Oslo (2016), Trends in Armed Conflict, 1946–2015, https://files.prio.org/Publication_files/prio/Dupuy%20et%20al%20-%20Trends%20in%20Armed%20Conflict%201946-2015,%20Conflict%20Trends%208-2016.pdf [30. 12. 2018].

Rosenberg, Sheri P. / Galis, Tibi / Zucker, Alex, Reconstructing Atrocity Prevention, Cambridge 2016.

Shue, Henry, Mediating Duties, *Ethics* 98/4 (1988), S. 687–704.

Stecklov, Guy, u. a., Do Conditional Cash Transfers Influence Migration? A Study Using Experimental Data from the Mexican PROGRESA Program, *Demography* 42/4, 2005, S. 769–790.

Stonor Saunders, Frances, Where On Earth Are You?, *London Review of Books* 38/5, 3. März 2016, S. 7–12.

Taroor, Ishaan, Death of Drowned Syrian Toddler Aylan Kurdi Jolts World Leaders, *Washington Post,* 3. September 2015, https://www.washingtonpost.com/news/worldviews/wp/2015/09/03/image-of-drowned-syrian-toddler-aylan-kurdi-jolts-world-leaders/?utm_term=.0ed0ec18e2b0 [30. 12. 2018].

Torpey, John, The Invention of the Passport. Surveillance, Citizenship and the State, Cambridge 2000.

UNDP, Arab Human Development Report 2016. Youth and the Prospects for Human Development in a Changing Reality, https://www.arab-hdr.org/reports/2016/english/AHDR2016En.pdf [30. 10. 2018].

Dass., International Migration Report 2015, New York 2016, https://www.un.org/en/development/desa/population/migration/publications/migrationreport/docs/MigrationReport2015_Highlights.pdf [30. 12. 2018].

UN-Generalversammlung, Res. 71/1, New Yorker Erklärung für Flüchtlingen und Migranten, 19. September 2016, https://www.un.org/depts/german/gv-71/band1/ar71001.pdf [30. 12. 2018].

UNHCR, Regional Refugee and Migrant Response Plan for Europe, January to December 2017, https://knowledge.unccd.int/publications/regional-refugee-and-migrant-response-plan-europe-january-december-2017 [30. 12. 2018].

Walzer, Michael, Sphären der Gerechtigkeit. Ein kooperativer Kommentar, Stuttgart 2014.

Dank

Es ist nicht leicht, ein kurzes Buch über ein Thema zu schreiben, mit dem man sich ein ganzes Leben lang beschäftigt hat. Die Essenz der eigenen Gedanken überzeugend und verständlich darzulegen, ohne das übliche wissenschaftliche Beiwerk aus Anmerkungen und Fachjargon, ist womöglich eine noch größere Herausforderung. Wenn ich es geschafft habe, diese Hürden zu überwinden, dann dank der großzügigen Hilfe, die ich dabei bekommen habe: intelligente Unterstützung bei der Recherche und konstruktive Kritik von Kolleg_innen, Freund_innen und Familienangehörigen.

Ich danke meinen Studentinnen Lauren Windmeyer und Alexandra Lancaster für ihre Hilfe und Faraaz Mahomed für die ungewöhnlich gründliche Unterstützung bei der Recherche. Kolleg_innen am Fletcher LLM Seminar, in Princeton, an der University of Connecticut, der York University in Toronto, dem Center for Migration Studies, einem Bellagio-Seminar über globales Migrationsrecht und an der Rutgers University haben mir geholfen, meine Gedanken weiter zu durchdringen. Mutige Migrant_innen und Geflüchtete sowie engagierte Flüchtlingshelfer_innen, die im System der Vereinten Nationen und bei Nichtregierungsorganisationen dort arbeiten, wo die Not besonders groß ist, haben mich in dem Gefühl bestärkt, dass es dringend nötig ist, mehr zu tun und besser zu handeln.

Meine Kolleg_innen in Harvard, vom Carr Center for Human Rights Policy, dem Weatherhead Center for International Affairs, der Graduate School of Education, dem Department of Global Health and Populations, von der T. H. Chan School of Public Health und vor allem vom FXB Center for Health and Human Rights haben mir unschätzbar wertvolles Feedback zu unausgegorenen Ideen und ersten Entwürfen für dieses Buch gegeben. Enge Freund_innen und Familienangehörige, darunter Ana Colbert, Nancy Cott, Michal Safdie, Oliver Strimpel, Homi, Ishan, Satya und Leah Bhabha, haben mich mit Informationen, Vorschlägen und Ermutigung unterstützt, ohne die ich den Weg zu meinem Ziel wohl nicht gefunden hätte. Schließlich danke ich den klugen Gutachter_innen und einem außerordentlich fähigen Lektoratsteam, dessen klare Vorstellungen mir geholfen haben, meine Gedanken zu ordnen.

Zur Autorin

Jacqueline Bhabha lehrt als Professorin für Gesundheit und Menschenrechte an der Harvard University. Von 1997 bis 2001 leitete sie das Human Rights Program der University of Chicago. Zuvor war sie praktizierende Anwältin in London und am Europäischen Gerichtshof für Menschenrechte in Straßburg.